Denis Diderot

Der natürliche Sohn

oder die Proben der Tugend ein Schauspiel in 5 Aufz. nebst der wahrhaften Geschichte dieses Stücke

Denis Diderot

Der natürliche Sohn
oder die Proben der Tugend ein Schauspiel in 5 Aufz. nebst der wahrhaften Geschichte dieses Stücke

ISBN/EAN: 9783743477360

Hergestellt in Europa, USA, Kanada, Australien, Japan

Cover: Foto ©ninafisch / pixelio.de

Weitere Bücher finden Sie auf **www.hansebooks.com**

DER NATÜRLICHE SOHN, ODER DIE PROBEN DER TUGEND: EIN...

Denis Diderot

Interdum speciosa locis, morataque recte
Fabula, nullius veneris, sine pondere & arte,
Valdius oblectat populum, meliusque moratur
Quam versus inopes rerum, nugaeque canorae.

Horat.

Der sechste Theil der Encyclopädie war eben ans Licht getreten, und ich meiner Ruhe und Gesundheit wegen auf das Land gegangen; als eine, der Umstände sowohl, als der handelnden Personen wegen wichtige Begebenheit, den Kanton in Erstaunen setzte, und ihm zur Unterhaltung diente. Man sprach von nichts anders, als von dem seltnen Manne, der an einem und ebendemselben Tage das Glück, sein Leben für seinen Freund zu wagen, und den Muth gehabt hatte, ihm seine Leidenschaft, seine Glücksgüter, und seine Freyheit aufzuopfern.

Diesen Mann wünscht' ich zu kennen. Ich ward mit ihm bekannt, und ich fand ihn so, wie man mir ihn geschildert hatte, düster und tiefsinnig. Verdruß und Schmerz hatten, bey ihrem Abschiede aus einer Seele, die nur zu lange ihr Wohnplatz gewesen war, die Traurigkeit in derselben zurückgelassen. Er war traurig in seinem Gespräch, traurig in seinem Betragen, ausgenommen wenn er von der Tugend sprach, oder jene Entzückungen empfand, die sie denenjenigen, die stark von ihr eingenommen sind, zu verursachen pflegt. Dann hätte man sehen sollen, wie er sich verwandelte. Die Heiterkeit entfaltete sich auf seinem Gesichte. Glanz und Sanftmuth strahlten aus seinen Augen. Seine Stimme hatte einen unbeschreiblichen Reitz. Sein Gespräch ward erhaben und rührend: Eine Verkettung von strengen Begriffen und von rührenden Gemälden, erhielt die Aufmerksamkeit aufrecht, und die Seele in Entzückung. Aber, wie man an einen Herbstabend, wenn das Wetter nebelicht und trübe ist, die Sonne hinter einer Wolke hervorschlüpfen, einen Augenblick glänzen, und sich wiederum in dem verfinsterten Himmel verlieren sieht; so verfinsterte sich auch seine Munterkeit, und er verfiel plötzlich wieder in Stillschweigen und Schwermuth.

Dies ist der Abriß des Dorval. Es sey nun, daß man ihn im Voraus vortheilhafte Begriffe von mir beygebracht hatte, oder daß es, wie man zu sagen pflegt, Menschen giebt, die dazu geschaffen sind, einander bey der ersten Zusammenkunft zu lieben, gnug er empfieng mich

mich auf so eine freundschaftliche Art, daß jedermann, mich allein ausgenommen, darüber erstaunte: und als ich ihn zum zweytenmale sahe, hielt ich mich schon für berechtigt, ohne unbescheiden zu scheinen, mit ihm von seiner Familie, und von den letztern Vorfällen zu sprechen. Er erzehlte mir seine Geschichte, ich zitterte nebst ihn über die Proben, auf die der rechtschaffne Mann zuweilen gestellet wird; und sagte ihm, daß ein Drama, dessen Sujet diese Proben der Tugend wären, auf alle Leute, die Empfindsamkeit und Tugend besäßen, und einige Begriffe von der menschlichen Schwachheit hätten, einen Eindruck machen würde.

„Ach! antwortete er mir seufzend, Sie haben denselben Gedanken, den mein Vater hatte. Einige Zeit nach seiner Ankunft, als eine weit ruhigere und gemäsigtere Freude, an die Stelle der erstern lebhaftern Regungen getreten war, und als wir das Vergnügen, einer an des andern Seite zu sitzen, genossen; sagte er zu mir:„

„Dorval, alle Tage sprech' ich mit Gott von Rosalien und von dir. Ich sag' ihm Dank, daß Er euch bis zu meiner Wiederkunft erhalten, vornemlich aber, daß er euch bey eurer Unschuld erhalten hat. Ach mein Sohn, ich kann meine Blicke nicht auf Rosalien werfen, ohne mit Schaudern an die Gefahr zu denken, die Du liefest. Je mehr ich sie sehe, je rechtschaffner und schöner find' ich sie, je größer kömmt mir die Gefahr für. Aber der Himmel, der heute über uns wacht, kann uns morgen verlassen. Keiner von uns kennt sein Schicksal. Alles, was wir wissen, ist: Daß, so wie unsere Jahre steigen, wir auch der Bosheit, die uns verfolgt, entwischen. Dies sind die Betrachtungen, die ich jedesmal, so oft ich mich an deine Geschichte erinnere, mache. Sie beruhigen mich, wenn ich daran denke, daß ich nur so wenige Zeit noch zu leben habe, und wenn du wolltest, würde das die Moral eines Stücks seyn, wozu ein Theil unsers Lebens den Stof geben, und das wir unter uns aufführen könnten.„

„Ein Stück mein Vater!„

„Ja, mein Kind. Es ist hier nicht die Rede davon, daß wir viel Gerüste aufbauen wollten, sondern davon, daß wir das Andenken einer Begebenheit, die uns so merkwürdig ist, erhalten, und sie so übertragen, wie sie sich eräugnet hat. Wir selbst könnten sie alle Jahre, in diesem Hause, in diesem Saale, erneuern, wir könnten Dinge, die wir ehemals sprachen, wieder sagen. Deine Kinder, Kindeskinder, und ihre Abkömmlinge, könnten das nemliche thun, und ich könnte mich selbst überleben, und

mich

mich auf diese Art mit allen meinen Enkeln, von Geschlechtsalter zu Geschlechtsalter unterhalten. — Dorval, glaubst du nicht, daß ein Werk, welches ihnen unsre eignen Begriffe, unsre wahren Gesinnungen, die Gespräche, die wir bey einem der wichtigsten Vorfälle unsers Lebens gehalten haben, überlieferte, weit höher zu schätzen wäre, als Familienbilder, die ihnen nichts weiter darstellen, als einen Abris unsrer Gesichter, wie sie gerade in dem Zeitpunkte, da sie gemalt wurden, gestaltet waren?„

„Das heißt, Sie befehlen mir, ich soll Ihre, meine, Konstanzens, Klairvillens und Rosaliens Seele abschildern. Ach mein Vater, diese Verrichtung übersteigt meine Kräfte, Sie wissen es mehr als zu gut!„

„Höre, ich habe mir vorgenommen, meine Rolle darinnen einmal, eh' ich sterbe, zu machen, und zu dem Ende hab' ich dem Andre geheißen, er soll jene Kleider, die wir aus dem Gefängnisse mitbrachten, in einen Koffer schliesen.„

„Mein Vater —„

„Nie haben mir meine Kinder noch etwas abgeschlagen; sie würden nicht so spät anfangen wollen.„

Bey diesen Worten sagte Dorval in dem Tone eines Menschens, der seinen Schmerz mit Gewalt verbeißt, zu mir, und wendete das Gesicht weg, und verbarg seine Thränen: „Das Stück ist gemacht — aber der, auf dessen Befehl es gemacht wurde, ist nicht mehr — „Er schwieg einen Augenblick, und dann fuhr er fort —„Dabey blieb nun dieses Werk, und ich hatte es beynahe aus der Acht gelassen; aber sie haben mir so oft vorgesagt, daß ich den Willen meines Vaters zuwider handelte, bis sie mich endlich überredet haben; künftigen Sonntag erfüllen wir zum erstenmale eine Sache, die alle insgesamt und einstimmig für eine Pflicht ansehen wollen.„

„Ach Dorval, sagt' ich, wenn ich es wagen dürfte — „Ich verstehe Sie, gab er mir zur Antwort; aber denken Sie nur, dürfte man wohl Konstanzen, Klairvillen und Rosalien so einen Vorschlag thun? Da Ihnen der Stof des Stücks bekannt ist, werden Sie ohne viele Mühe glauben, daß die Gegenwart eines Fremden bey einigen Auftritten sehr lästig seyn würde. Inzwischen laß' ich den Saal in Ordnung bringen. Ich verspreche Ihnen nichts. Ich schlage Ihnen nichts ab. Ich will zusehen.„

Wir trennten uns, Dorval und ich. Das war Montags. Während der ganzen Woche

che ließ er mir nichts sagen. Aber des Sonntags früh schrieb er mir:—"Heute, genau um drey Uhr, an der Gartenthüre.— "Ich kam, und stieg durch ein Fenster in den Saal; Dorval, der alle Leute entfernt hatte, wies mir meinen Platz in einen Winkel an, wo ich ohngesehen, sah und hörte, was man lesen wird, den letzten Auftritt ausgenommen. Warum ich den letzten Auftritt nicht zu hören bekam, will ich ein andermal sagen.

Namen der handelnden Personen.

Lysimond, der Vater des Dorval und der Rosalie.

Dorval, der natürliche Sohn des Lysimonds, und Freund des Klairville.

Rosalie, Lysimonds Tochter.

Justine, Rosaliens Kammermädchen.

Andre, Lysimonds Bedienter.

Karl, Dorvals Bedienter.

Klairville, Dorvals Freund und Rosaliens Liebhaber.

Konstanze, eine junge Wittwe und Klairvilles Schwester.

Sylvester, Klairvillens Bedienter.

Zu St. Germain en Laye ist der Schauplatz; mit anbrechenden Tage fängt die Handlung an, und geht in einem Saale in des Klairville Hause für.

Erster

Erster Aufzug.

Erster Auftritt.

Die Bühne stellt einen Saal für. Man sieht darinnen einen Flügel, Stühle, Spieltische; auf einem dieser Tische ein Bretspiel, auf dem andern einige Bücher, auf der einen Seite einen Strickrahm u. s. w. im Hintergrunde ein Kanape u. s. w.

Dorval allein. (In Reisekleidern, die Haare nicht in Ordnung gebracht, sitzet er in einem Armstuhle neben einem Tische auf dem Bücher liegen. Er scheint unruhig zu seyn. Nach einigen heftigen Bewegungen stützt er sich auf den einen Arm seines Stuhls, gleichsam als wenn er schlafen wollte. Bald aber verläßt er diese Lage, zieht seine Sackuhr heraus, und sagt:)

Kaum ist es sechs Uhr. (Er wirft sich auf den andern Arm des Stuhls; kaum aber hat er es gethan, als er sich wieder in die Höhe richtet und sagt:)
Ich

Ich kann unmöglich schlafen. (Er nimmt ein Buch, schlägt es auf, macht es aber fast in demselben Augenblick wieder zu, und sagt:)

Ich lese, ohne das geringste zu verstehen.

(Er steht auf, geht hin und her, und sagt:)

Ich kan nicht vermeiden, daß — Ich muß von hier weg — weg von hier! Ich bin ja angefesselt! Ich liebe! — (ganz erschrocken) und wen lieb' ich? — Ich wage es, mir dieses Geständniß zu thun; ich Elender, und bleibe da. (Er ruft mit starker Stimme und hastig:) Karl, Karl.

Zweeter Auftritt.

Dorval. Karl.

(Karl, der sich einbildet, sein Herr verlange Hut und Degen, bringt diese beyde Stücke, legt sie auf einen Armstuhl, und sagt:)

Karl. Mein Herr, brauchen Sie weiter nichts?

Dorv. Pferde; meinen Wagen.

Karl. Wie, wir reisen ab!

Dorv. In der Minute. (Er sitzt im Armstuhle, und während dem Sprechen nimmt er Bücher, Schriften und Brochuren zusammen, als wenn er Packete davon machen wollte.)

Karl. Mein Herr, alles schläft noch im Hause.

Dorv. Ich werde niemanden sehen.

Karl. Ist das möglich?

Dorv. Es muß so seyn.

Karl. Mein Herr —

Dorv.

oder die Proben der Tugend.

Dorv. (Wendet sich mit einer traurigen und niedergeschlagnen Mine zu Karln) Und was denn, Karl!

Karl. Nachdem Sie in diesen Hause so liebreich aufgenommen geworden sind, von allen so hoch geschätzt werden, da man Ihren Wünschen in allen Stücken zuvor kömmt, wollen Sie fort gehen, ohne jemanden ein Wort zu sagen; erlauben Sie, bester Herr—

Dorv. Ich weiß alles was du sagen willst. Du hast Recht. Aber ich reise ab.

Karl. Was wird Ihr Freund Klairville sagen? Was seine Schwester Konstanze, die es an nichts hat ermangeln lassen, um Ihnen diesen Aufenthalt angenehm zu machen? (etwas leiser) Was Rosalie? — Sie wollen sie also nicht sehen?

Dorv. (seufzt tief, läßt seinen Kopf in seine Hände sinken, und Karl fährt fort.)

Karl. Klairville und Rosalie hatten sich geschmeichelt Sie würden einen Zeugen ihrer Vermählung abgeben. Rosalie hatte sich eine Freude daraus gemacht Sie, ihrem Vater vorzustellen. Sie sollten sie an den Altar begleiten.

Dorv. (seufzt, bewegt sich heftig u. s. w.)

Karl. Der ehrliche Alte kömmt nun bald an, und Sie reisen ab. Wissen Sie was, bester Herr, verzeihen Sie meine Freyheit, selten ist eine wunderliche Aufführung wohl überlegt — Klairville! Konstanze! Rosalie!

Dorv. (Hastig, indem er aufsteht.) Pferde, meinen Wagen sag' ich dir.

Karl.

Karl. In dem Zeitpuncte da Rosaliens Vater von einer Reise, die mehr als tausend Meilen beträgt, zurückkömmt! Da die Heurath Ihres Freundes eben vollzogen werden soll!

Dorv. (aufgebracht — zu Karln) Elender! — (zu sich selbst, indem er sich in die Lippe beißt, und an die Brust schlägt.) der ich bin — Du verderbst die Zeit und ich werde aufgehalten.

Karl. Ich gehe.

Dorv. Man eile.

Dritter Auftritt.
Dorval allein.

(er geht immer noch in tiefen Gedanken auf und nieder.)

Ohne Abschied abzureisen! Er hat Recht; das wäre ein wunderliches, ein unanständiges Betragen — Und was bedeuten denn diese Ausdrücke? Ist denn hier die Frage von dem, was man denken wird, oder vielmehr von dem was man als ein rechtschaffner Mann thun muß? — Allein alles dieses bey Seite gesetzt, warum solt' ich nicht Klairvillen und seine Schwester noch einmal sehen? Kan ich sie denn nicht verlassen, und ihnen den Bewegungsgrund dazu verschweigen? — Und Rosalien? Soll ich nicht sprechen? — Nein. — Hier legen die Liebe und die Freundschaft nicht einerley Pflichten auf, besonders eine unsinnige Liebe, von der noch niemand etwas weiß, und die erstickt werden muß — Was wird sie aber sagen? Was wird sie denken? — Liebe, gefährlicher Schwätzer, ich vernehme dich.

(Kon=

oder die Proben der Tugend. 15

(Konstanze kömmt in einem Morgenkleide, ihrer seits gequält von einer Leidenschaft die ihr die Ruhe benommen hat. Einen Augenblick hernach, kommen Bediente herein, die den Saal aufräumen, und Dorvals Sachen zusammen tragen. Karl, der auf die Post nach Pferden geschickt hat, kömmt gleichfalls zurück.)

Vierter Auftritt.

Dorval. Konstanze. Bediente.

Dorv. Wie, Madame, so früh!

Konst. Der Schlaf hat mich verlassen. Aber auch Sie sind schon angekleidet!

Dorv. (mit Geschwindigkeit.) In dieser Minute empfang' ich Briefe. Eine Angelegenheit ruft mich nach Paris. Meine Gegenwart wird erfordert. Ich trinke The. Karl, The. Ich umarme Klairvillen. Ich danke Ihnen beyden für alle Gütigkeiten die Sie für mich gehabt haben. Ich werfe mich in meinen Wagen und reise ab.

Konst. Sie reisen ab! Ist es möglich?

Dorv. Zum Unglück ist nichts dringend nöthiger. (Die Bedienten entfernen sich, nachdem sie den Saal aufgeräumt und die Sachen des Dorvals zusammen getragen haben. Karl läßt den The auf einen Tische. Dorval trinkt The.)

(Konstanze stemmt einen Ellenbogen auf den Tisch, legt den Kopf in die Hand, und bleibt in dieser pensiven Stellung.)

Dorv. Sie sinnen nach, Konstanze?

Konst.

Konst. (mit Bewegung, oder vielmehr mit erzwungnen kalten Blute) Ja, ich sinne nach — aber ich habe Unrecht — die Zeit wird Ihnen bey unsrer Lebensart lang — Nicht heute erst hab' ich es bemerkt.

Dorv. Die Zeit würde mir lang! Nein Madame, das ist es nicht.

Konst. Nun was fehlt Ihnen denn sonst? — Die düstre Mine, die ich bey Ihnen entdecke —

Dorv. Unglücksfälle hinterlaßen Eindrücke — Sie wissen — Madame — Ich schwöre Ihnen zu, daß ich seit langer Zeit keine andern Vergnügungen gekannt, als die ich hier genossen habe.

Konst. Wenn dieses an dem ist, so kommen Sie ohnstreitig wieder.

Dorv. Ich weiß es nicht. — Hab' ich denn jemals gewußt, was mit mir vorgehen würde?

Konst. (Nachdem sie eine Weile herum gegangen ist) Dieser Augenblick ist also der einzige, der mir übrig ist. Ich muß mich erklären. (Eine Pause.) Dorval, hören Sie mich an. Vor sechs Monathen haben Sie mich hier ruhig und glücklich gefunden. Alle Unglücksfälle, die eine übel ausgesuchte Verbindung nach sich ziehen kann, hatt' ich erfahren. Frey von diesen Verbindungen, hatt' ich mir eine immerdauernde Unabhängigkeit versprochen, und mein Glück auf den Abscheu vor jedes Band, und auf die Sicherheit eines Lebens, das von dem Geräusch der Welt entfernt ist, eines eingezogenen Lebens, gegründet.

Wie

Wie viel Reize hat doch die Einsamkeit, nach langwierigen Verdrusse! Man athmet da in Freyheit. Ich genoß meiner selbst, ich ergötzte mich an meinen überstandnen Mühseligkeiten, denn es schien, als hätten sie meine Vernunft geläutert. Meine Stunden verflossen stets in Unschuld, zuweilen in sanften Vergnügen, ein Theil derselben war dem Lesen, der zweete dem Spazierengehen, der dritte dem Umgange mit meinem Bruder gewidmet. Klairville unterhielt mich ohnaufhörlich von seinem streng und erhaben denkenden Freunde. Wie viel Vergnügen fand ich daran, ihn zuzuhören. Wie lebhaft wünscht' ich, den Mann zu kennen, den mein Bruder liebte, so vieler Ursachen wegen verehrte, und der in seinem Herzen die ersten Keime der Weisheit entwickelt hatte!

Ich will Ihnen noch mehr sagen. Entfernt von Ihnen, gieng ich schon in Ihren Fußstapfen; und diese junge Rosalie, die Sie hier sehen, war der Gegenstand aller meiner Sorgfalt, so wie es mein Bruder der Ihrigen gewesen war.

Dorv. (bewegt und erweicht) Rosalie!

Konst. Den Geschmack, den Klairville an ihr fand, bemerkt' ich, und beschäftigte mich mit der Bildung des Geistes, und vorzüglich mit der Bildung des Karakters dieses Kindes, das mit der Zeit das Schicksal meines Bruders bitter oder süß machen sollte. Er ist unbedachtsam, ich machte sie vorsichtig. Er ist heftig, ich nährte und pflegte ihre natürliche Sanftmuth: ich fand meine Freude an dem Gedanken, daß ich zugleich mit Ihnen

B Vor-

Vorbereitungen zu einer Vereinigung machte, die vielleicht die glückseligste von der Welt werden konnte, Sie kamen hieher. Ach! —

(Die Stimme der Konstanze nimmt hier den Ton der Zärtlichkeit an, und wird etwas schwächer.)

Ihre Gegenwart, die mich erleuchten und aufmuntern sollte, hatte nicht die Wirkung, die ich erwartete. Allmählig wendete sich meine Sorgfalt von Rosalien ab. Ich unterwiese sie nicht mehr in der Kunst zu gefallen — und die Ursache dieses Betragens blieb mir nicht lange unbekannt.

Dorval, ich bemerkte die ganze Gewalt, die die Tugend über Sie hatte, und es kam mir für, als liebt' ich dieselbe deswegen noch mehr. Ich setzte mir vor, zugleich mit ihr, mich in Ihr Herz zu schleichen, und meinen Gedanken nach hatt' ich noch niemals so einen guten und löblichen Anschlag gemacht. Wie glücklich ist ein Frauenzimmer, sagt' ich zu mir, wenn das einzige Mittel, das sie anwendet, denjenigen zu fesseln, auf den sie ihr Augenmerk gerichtet hat, dieses ist, daß sie die Achtung die sie sich selbst schuldig ist, immer mehr und mehr vergrößert, und sich in ihren eignen Augen erhöhet.

Keines andern hab' ich mich bedienet. Wenn ich den glücklichen Fortgang desselben nicht erwartet habe, wenn ich mich erkläre, so ist es die Zeit, nicht aber das Vertrauen darauf, was mir gefehlt hat. Nie hab' ich gezweifelt, daß die Tugend die Liebe erzeugen würde, wenn der bestimmte Zeitpunkt gekommen wäre.

(Ein

oder die Proben der Tugend.

(Ein kleines Stillschweigen: Es muß einem Frauenzimmer, das wie Konstanze denkt, sauer ankommen, das folgende zu sagen.)

Soll ich es Ihnen gestehen, was mich am meisten gekostet hat? Ihnen jene so zärtlichen und so unwillkührlichen Bewegungen zu verheelen, die fast jederzeit ein verliebtes Frauenzimmer verrathen. Dann und wann läst sich die Vernunft hören, aber das ungestüme Herz redet ohnaufhörlich. Dorval, hundertmal ist das, für meinen Vorsatz so unglückliche Wort, auf meinen Lippen gewesen, manchmal ist es mir entschlüpft; aber Sie haben es verhöret, und jederzeit hab' ich mir deswegen Glück gewünscht.

So ist Konstanze beschaffen, so denkt sie. Wenn Sie von ihr fliehen, so darf sie doch wenigstens nicht für sich selbst erröthen. Von Ihnen entfernt, wird sie sich wieder im Schooße der Tugend finden, und indeßen da andre Frauenzimmer den Augenblick verwünschen werden, in dem der Gegenstand ihrer strafbaren Zärtlichkeit ihnen den ersten Seufzer entriß, wird sich Konstanze blos in der Absicht an Dorvaln erinnern, um sich glücklich zu preisen, daß sie ihn gekannt hat. Oder sollte dieses Andenken ja mit einiger Bitterkeit vermischt seyn, so wird sie doch selbst aus den Empfindungen die Sie ihr eingeflößt haben, einen süßen und gründlichen Trost schöpfen.

Der natürliche Sohn,

Fünfter Auftritt.

Dorval. Konstanze. Klairville.

Dorv. Madame, da kömmt Ihr Bruder.

Konst. (sagt betrübt:) Mein Bruder, Dorval verläst uns. (und geht ab.)

Klairv. Eben hab' ich es vernommen.

Sechster Auftritt.

Dorval. Klairville.

Dorv. (thut einige Schritte, zerstreut und in Verlegenheit.) Briefe aus Paris — Dringende Geschäfte — Ein Wechsler dessen Kredit schwankt. —

Klairv. Freund, Sie werden nicht abreisen, ohne mir ein minutenlanges Gespräch zu gönnen. Nie hab' ich Ihren Beystand nöthiger gebraucht.

Dorv. Bedienen Sie sich meiner nach Ihren Gefallen; aber wenn Sie mir Gerechtigkeit wiederfahren lassen wollen, so werden Sie nicht zweifeln, daß ich die stärksten Bewegungsgründe habe.—

Klairv. (bekümmert.) Ich hatte einen Freund, und dieser Freund verläst mich. Ich ward von Rosalien geliebt, und Rosalie liebt mich nicht mehr. Ich bin in Verzweifelung — Dorval, sollten Sie mich verlassen? —

Dorv. Was kann ich für Sie thun?

Klairv. Ob ich Rosallen liebe, wißen Sie!— Aber nein, Sie wißen nichts davon. Bey andern Leuten, ist die Liebe meine erste, meine vorzüglichste Tugend; bey Ihnen erröth' ich beynahe darüber—

Nun

Nun gut, Dorval, ich will erröthen, wenn es seyn muß; aber ich bete sie an — Warum kan ich Ihnen nicht mein ganzes Leiden beschreiben! Mit wie vieler Behutsamkeit, mit wie vieler Delikatesse hab' ich der heftigsten Leidenschaft Stillschweigen auferlegt! — Rosalie lebte hier in der Nachbarschaft mit einer Tante, die eine bejahrte Amerikanerin, und Konstanzens Freundin war, in der Einsamkeit. Täglich sah' ich Rosalien, täglich ihre Reize zunehmen, und ich empfand daß meine Unruhe zunahm. Ihre Tante stirbt. In ihren letzten Augenblicken ruft sie meine Schwester, reicht ihr eine erstorbne Hand; und indem sie ihr Rosalien zeigte, die am Rande des Bettes untröstbar saß, sahe sie dieselbe an, ohne ein Wort zu sprechen; hierauf sah sie Konstanzen an; Thränen fielen aus ihren Augen; sie seufzte; und meine Schwester verstand diese stumme Sprache. Rosalie wurd' ihre Gesellschafterin, ihr Mündel, ihre Schülerin; und ich der glücklichste unter den Menschen. Konstanze sahe meine Leidenschaft: Rosalie schien davon gerührt. Nichts weiter stand meiner Glückseligkeit im Wege, als der Wille einer beunruhigten Mutter, die ihre Tochter wieder forderte. Schon schickt' ich mich zu einer Reise in die entfernten Himmelsgegenden, wo Rosalie das Licht erblickt hat, an, als ich erfuhr, daß ihre Mutter verstorben, und ihr Vater, seines Alters ohngeachtet, entschlossen war, zu uns zurück zu kommen.

Ich erwartete diesen Vater, um mein Glück zu vollenden; er kömmt, und wird mich trostloß finden.

Dorv.

Dorv. Ich sehe nur noch nicht was Sie für Ursachen haben, es zu seyn.

Klairv. Gleich anfänglich hab' ich sie Ihnen gesagt. Rosalie liebt mich nicht mehr. Mit eben dem Maaß als die Hindernisse, die sich unserm Glücke entgegen setzten, verschwanden, ward sie zurückhaltend, kaltsinnig, gleichgültig. An die Stelle jener zärtlichen Empfindungen, die mit einer entzückenden Unschuld und Offenherzigkeit aus ihren Munde giengen, ist eine gewiße Höflichkeit und Verstellung getreten, die mich umbringt. Alles ist ihr unschmackhaft; nichts beschäftigt, nichts amüsiret sie. Wird sie mich gewahr? so ist ihre erste Bewegung, sich zu entfernen. Ihr Vater kömmt; und man sollte fast sagen, daß eine so sehnlich gewünschte und so längst erwartete Begebenheit, nichts rührendes mehr für sie hätte. Nichts ist ihr übrig geblieben, als ein düsterer Hang zur Einsamkeit. Konstanzen geht es nicht besser als mir: wenn uns Rosalie ja noch sucht, so ist es blos um eines durch das andere zu vermeiden; und zum größten Unglücke, scheint es, als nähme sich meine Schwester meiner Angelegenheit auch nicht mehr an.

Dorv. Hieraus erkenn' ich Klairvillen. Er beunruhigt sich, er grämt sich, und steht doch auf dem Puncte glücklich zu werden.

Klairv. Ach mein lieber Dorval, Sie glauben es nicht. Sehen Sie —

Dorv. In Rosaliens Betragen seh' ich weiter nichts als eine gewiße Wankelmuth, der die wohlgearteteſten Frauenzimmer am meisten unterworfen

fen sind, und worüber man so ein süsses Vergnügen empfindet, wenn man sie ihnen verzeihen kan. Sie haben so ein ausgesucht feines Gefühl; ihre Seele ist so empfindlich; ihre Glieder sind so zart, daß ein Verdacht, ein Wort, ein Begriff, hinreichend ist sie in Unruhe zu stürzen. Mein Freund, ihre Seele ist dem Kristal eines reinen und durchsichtigen Wassers ähnlich, darinnen sich das stille Schauspiel der Natur abgemahlet hat. Wenn ein herabfallendes Blat die Oberfläche desselben bewegt, so schwanken alle Gegenstände.

Klairv. (bekümmert.) Sie trösten mich; — Dorval, ich bin verloren. Ich fühle nur zu sehr — daß ich ohne Rosalien nicht leben kan; aber das Looß welches mir bestimmt ist, sey auch welches es wolle, so verlang' ich doch noch vor der Ankunft ihres Vaters Erläuterung.

Dorv. Worinnen kann ich Ihnen dienen?

Klairv. Sie müßen mit Rosalien sprechen.

Dorv. Ich mit ihr sprechen!

Klairv. Ja, mein Freund. Niemand in der Welt als Sie, können mir dieselbe wiedergeben. Von der Achtung die sie für Sie hat versprech' ich mir alles.

Dorv. Klairville, was verlangen Sie von mir? Kaum kennt mich Rosalie; und ich bin für dergleichen Arten von Untersuchungen nicht geschaffen.

Klairv. Sie vermögen alles, und Sie werden es mir nicht abschlagen. Rosalie hat Achtung für Sie. Sie selbst hat mich versichert, daß Ihre Gegenwart ihr Ehrfurcht einflößt. Sie wird es nie

wagen,

wagen, unter Ihren Augen ungerecht, wankelmü=
thig, undankbar zu seyn. Das ist das erhabne
und ehrwürdige Vorrecht der Tugend; sie nimmt
alles vor sich ein, was sich ihr nähert. Dorval,
treten Sie Rosalien unter die Augen, und im kur=
zen wird sie das wieder vor mich werden, was sie
seyn muß, und was sie war.

Dorv. (legt die Hand auf Klairvillens Schulter)
Ach, Unglücklicher!

Klairv. Mein Freund, wenn ich es bin! so —
Dorv. Sie verlangen —
Klairv. Ich verlange —
Dorv. Sie sollen befriediget werden.

Siebender Auftritt.
Dorval allein.

Welche neue Verlegenheit! — der Bruder —
die Schwester — Grausamer Freund, blinder
Liebhaber, was thust du mir für einen Vorschlag? —
„Treten Sie Rosalien unter die Augen!„ Ich,
sollte Rosalien unter die Augen treten, und ich woll=
te mich lieber für mich selber verbergen — Was
wird aus mir, wenn Rosalie meine Gesinnungen
erräth? und wie will ich meine Augen, meine
Stimme, mein Herz, in meiner Gewalt haben,
zähmen? — Wer will für mich stehen? — Die
Tugend? — Besitz' ich denn noch einige?

Ende des ersten Aufzugs.

Zwee=

Zweeter Aufzug.

Erster Auftritt.
Rosalie. Justine.

Ros. Justine, rücke meine Arbeit her. (Justine rückt einen Stickrahm. Rosalie stützt sich betrübt auf denselben. Justine sitzt ihr gegen über. Sie arbeiten. Rosalie unterbricht ihre Arbeit blos um sich die Thränen abzuwischen, die ihr aus den Augen fließen. Hierauf fängt sie wieder an zu arbeiten. Das Stillschweigen dauert eine Weile, während der Justine die Arbeit liegen läßt, und ihre Gebietherin betrachtet.)

Just. Ist dieses die Freude, mit der Sie Ihren Herrn Vater erwarten? Und dieses die Entzückungen, die Sie vor ihn bereit halten? Seit einiger Zeit, kann ich aus Ihrer Seele nicht klug werden; aber was darinnen vorgeht, muß etwas schlimmes seyn, denn Sie verbergen mir es, und Sie thun sehr wohl.

Ros. (Keine Antwort von Seiten Rosaliens; aber Seufzer, Stillschweigen und Thränen.)

Just. Verlieren Sie denn den Verstand, Mademoiselle? Zu einer Zeit, da man alle Stunden einen Vater erwartet! kurz, vor einer Vermählung! Noch einmal, verlieren Sie den Verstand?

Ros. Nein, Justine.

Just.

Juſt. (nachdem ſie eine Weile inne gehalten.) Sollte Ihrem Herrn Vater ein Unglück begegnet ſeyn?

Roſ. Nein, Juſtine. (Alle dieſe Fragen ergehen in verſchiednen Zwiſchenräumen, während denen Juſtine ihre Arbeit unterläſt, und wieder vornimmt.)

Juſtine. (nach einem etwas längern Stillſchweigen.) Sollten Sie von ohngefähr Klairville'n nicht mehr lieben?

Roſ. Nein, Juſtine.

Juſt. (bleibt ein Weilchen beſtürzt, und ſagt hernach.) Das war demnach die Urſache dieſer Seufzer, dieſes Stillſchweigens, dieſer Thränen? — O! Nunmehro mögen die Männer immer ſagen, daß wir närriſch ſind; daß der Kopf uns heute von einem Gegenſtande verdreht wird, den wir morgen lieber tauſend Meilen von hier wißen wolten; ſie mögen von uns ſagen, was ſie wollen, ich will ſterben, wenn ich ihnen darinnen widerſpreche — Sie haben nicht vermuthet, Mademoiſelle, daß ich dieſen Eigenſinn gut heiſen würde — Klairville liebt Sie biß zur Raſerey. Sie haben nicht die mindeſte Urſache ſich über ihn zu beklagen. Hat ſich jemals ein Frauenzimmer ſchmeicheln können, einen zärtlichen, getreuen und rechtſchafnen Liebhaber zu haben, ſich mit einem Manne, der Verſtand, Bildung, Geſtalt und Sitten beſitzt, verbunden zu haben; ſo ſind Sie es. Sitten! Mademoiſelle, Sitten! — Ich, ich habe niemals begreifen können, daß man aufhören könnte zu lieben, noch weit weniger, daß man ohne Urſache aufhören könnte. Hierunter ſteckt etwas, das ich nicht

nicht einsehen kan. (Justine hält ein bischen inne. Rosalie weint und arbeitet immer fort. Justine fängt mit einem heuchlerischen und gemilderten Tone wieder an, und sagt indem sie arbeitet, und die Augen nicht von ihrer Arbeit in die Höhe richtet:) Alles bey Seite gesetzt, wenn Sie Klairville'n nicht mehr lieben, so ist es verdrüßlich — aber deswegen müßen Sie nicht darüber verzweifeln wollen, wie Sie es jetzt machen — Wie denn! Sollte denn nach ihm niemand in der Welt seyn, den Sie lieben könnten?

Ros. Nein, Justine.

Just. O! was das anbelangt, das vermuthet man sich nicht.

(Dorval kömmt herein, Justine tritt ab; Rosalie verläst ihren Rahm, eilt sehr, sich die Augen abzuwischen, und eine ruhigere Mine anzunehmen. Vorher hat sie gesagt:)

Ros. Himmel! es ist Dorval.

Zweeter Auftritt.

Rosalie. Dorval.

Dorv. (etwas bewegt) Erlauben Sie, Mademoiselle, daß ich noch vor meiner Abreise (Rosalie scheint über diese Worte zu erstaunen) einem Freunde gehorche, und ihm bey Ihnen einen Dienst zu leisten suche, den er für wichtig hält. Sie wissen, daß niemand als ich an Ihren und seinem Glücke so starken Antheil nimmt. Gestatten Sie demnach, das ich Sie fragen darf, wodurch Ihnen Klairville mißfallen, und womit er die Kalt-
sinnig-

sinnigkeit verdienet hat, mit der Sie ihn, wie er spricht, begegnen.

Rof. Weil ich ihn nicht mehr liebe.

Dorv. Sie lieben ihn nicht mehr!

Rof. Nein, Dorval.

Dorv. Und was begieng er, um sich diese erschreckliche Ungnade auf den Hals zu laden?

Rof. Nichts. Ich liebt' ihn. Ich habe aufgehört. Wahrscheinlicher Weise war ich unbeständig, ohne mir es einfallen zu lassen.

Dorv. Haben Sie vergessen, daß Klairville der Geliebte ist, den Ihr Herz vorgezogen hat? — Ueberlegen Sie es, daß er sehr kummervolle Tage zu durchleben haben würde, wenn die Hofnung, Ihre Zärtlichkeit wieder zu erhalten, ihn benommen wäre? — Mademoiselle, bilden Sie sich ein, daß es einem rechtschafnen Frauenzimmer anständig sey, mit der Glückseligkeit eines redlichen Mannes zu spaasen?

Rof. Alles was man mir hierüber sagen kan, weiß ich. Ohnaufhörlich überhäuf' ich mich mit Vorwürfen. Ich bin untröstlich. Ich wünschte gestorben zu seyn.

Dorv. Sie sind nicht ungerecht.

Rof. Ich weiß nicht mehr was ich bin. Ich habe keine Achtung mehr für mich.

Dorv. Allein warum lieben Sie Klairville'n nicht mehr? Gründe kann man wohl von allen angeben.

Rof. Weil ich einen andern liebe.

Dorv. Rosalie! Sie! (mit Erstaunen, und im Tone des Vorwurfs.) Rof.

Rof. Ja, Dorval, — Klairville wird rechtschaffen gerochen werden!

Dorv. Rosalie, — wenn es sich unglücklicher Weise zugetragen haben sollte — daß Ihr überraschtes Herz — von einer Neigung hingerissen geworden wäre — aus der Ihnen Ihre Vernunft ein Verbrechen machte — Ich habe mich in dieser grausamen Lage befunden! — Wie sehr würd' ich Sie beklagen!

Rof. Beklagen Sie mich demnach.

Dorv. (antwortet ihr bloß durch den pantomimischen Ausdruck des Mitleids.)

Rof. Ich liebte Klairville'n. Ich bildete mir ein, ich würde nie einen andern lieben können, als ich auf die Klippe stieß, an der meine Beständigkeit und unser Glück scheiterte — Die Züge, der Geist, der Blick, der Klang der Stimme, alles schien bey diesem angenehmen und furchtbaren Gegenstande, ich weiß nicht welchem Bilde zu entsprechen, das die Natur in mein Herz gegraben hatte. Ich sah ihn, und glaubte an ihm alle die Einbildungen von der Vollkommenheit anzutreffen, die ich mir gemacht hatte, und gleich anfänglich schenkt' ich ihm mein Vertrauen — Wenn ich hätte begreifen können, daß ich Klairvillen ungetreu würde! — Aber ach! eh' ich noch den mindesten Argwohn davon schöpfte, war ich schon völlig daran gewöhnt, seinen Nebenbuhler zu lieben. — Und wie hätt' ich ihn auch nicht lieben sollen? — Was er sagte, dacht' ich allemal. Nie unterließ er, dasjenige zu tadeln, was auch mir misfallen muste.

muſte. Manchmal lobt' ich dasjenige im voraus, dem er eben seinen Beyfall geben wolte. Drückt' er eine Gesinnung aus, so glaub' ich, er hätte die meinige errathen — Was soll ich Ihnen endlich sagen? In allen andern erblickt' ich kaum ein schwaches Bild von mir (mit niedergeschlagnen Augen und leiserer Stimme setzt sie hinzu:) und in ihn fand ich mich jederzeit wieder.

Dorv. Und kennt denn dieser glückliche Sterbliche sein Glück?

Roſ. Wenn es ein Glück iſt, muß er es kennen.

Dorv. Da Sie lieben, werden Sie ohne Zweifel wieder geliebt?

Roſ. Dorval, das wiſſen Sie.

Dorv. (lebhaft.) Ja, ich weiß es, und mein Herz empfindet es — Was hab' ich vernommen? — Was hab' ich geſagt? Wer wird mich von mir ſelbſt erretten? —

(Dorval und Roſalie ſehen einander einen Augenblick ſtillſchweigend an. Roſalie weint bitterlich. Man meldet Klairville'n.)

Sylveſter. (zu Dorval'n.) Mein Herr, Klairville möchte gern mit Ihnen ſprechen.

Dorv. (zu Roſalien.) Roſalie — Aber man kömmt — Denken Sie daran? Klairville, mein Freund, Ihr Geliebter iſt es.

Roſ. Leben Sie wohl, Dorval. (Sie reicht ihm eine Hand; Dorval nimmt ſie, läſt ſeinen Mund betrübt auf dieſe Hand ſinken, und Roſalie ſetzt hinzu:) Adjeu, welches Wort!

Dritter

Dritter Auftritt.
Dorval allein.

Wie schön kam sie mir unter ihren Schmerzen für! Wie rührend sind ihre Reitze! Mein Leben würd' ich hingegeben haben, um eine dieser Thränen aufzuküssen, die aus ihren Augen floßen. — "Dorval, das wißen Sie„ — Diese Worte erthönen noch in dem innersten meines Herzens — Sie werden sobald nicht aus meinem Gedächtniße kommen! —

Vierter Auftritt.
Dorval. Klairville.

Klairv. Entschuldigen Sie meine Ungeduld. Nun, Dorval! —

Dorv. (Dorval ist verstört. Er sucht sich zu erholen, kömmt aber sehr übel damit zu rechte. Klairville, der aus seinen Minen lesen will, wird es gewahr, irrt sich und spricht:)

Klairv. Sie sind verstört! Sie reden nicht mit mir! Die Thränen treten Ihnen in die Augen! Ich verstehe Sie, ich bin verloren! (Wie Klairville dieses ausgeredet hat, stürzt er sich in den Busen seines Freundes. Einen Augenblick schweigt er still. Dorval läst einige Thränen auf ihn fallen, und Klairville sagt, ohne seine Stellung zu verändern mit leiser Stimme und schluchzend:)

Klairv. Was sagte sie? Was hab' ich verbrochen? Geben Sie mir, Freund, ich beschwöre Sie, den letzten Stoß.

Dorv.

Dorv. Ich soll ihm den letzten Stoß geben!

Klairv. Sie stößt mir einen Dolch in das Herz! und Sie, der einzige Mensch der ihn vielleicht heraus reisen konte, Sie entfernen sich! Sie lassen mich in Stiche, und meiner Verzweiflung zum Raube! — Von meiner Geliebte verrathen! von meinen Freunde verlassen? was wird aus mir werden? Dorval, Sie sagen mir nichts?

Dorv. Was soll ich Ihnen sagen? — Ich fürchte mich zu sprechen.

Klairv. Ich fürchte mich noch weit mehr etwas von Ihnen zu hören, inzwischen aber reden Sie dennoch, ich werde wenigstens meine gegenwärtige Marter mit einer andern vertauschen — In diesem Augenblicke, dünkt mich Ihr Stillschweigen das allergrausamste zu seyn.

Dorv. (stammelnd.) Rosalie —

Klairv. (stammelnd) Rosalie —

Dorv. Sie hatten mir es wohl gesagt — scheint nicht mehr den lebhaften Eifer zu haben, der Ihnen so ein nahes Glück versprach.

Klairv. Sie hat sich geändert! — Was wirst sie mir denn für?

Dorv. Sie hat sich nicht geändert, wenn Sie so wollen — Sie wirst Ihnen nichts für — aber ihr Vater —

Klairv. Nun Ihr Vater — Hat der seine Einwilligung zurück genommen?

Dorv. Nein. Aber sie erwartet seine Rückkunft — Sie fürchtet — Sie wissen besser als ich, daß ein wohlgeartetes Mädchen beständig fürchtet.

Klairv.

oder die Proben der Tugend.

Klairv. Es ist nun keine Furcht mehr zu haben. Alle Hindernisse sind aus dem Wege geräumt. Ihre Mutter war es, die sich unsern Wünschen widersetzte; sie lebt nicht mehr, und ihr Vater kömmt blos in der Absicht hieher, mich mit seiner Tochter zu vereinigen, seinen beständigen Wohnplatz bey uns zu nehmen, und in seinem Vaterlande, im Schoose seiner Familie, mitten unter seinen Freunden, seine Tage in Friede zu beschließen. Wenn ich nach seinen Briefen urtheilen soll, so wird dieser ehrwürdige Alte eben so tief als ich gebeugt werden. Uiberlegen Sie, Dorval, daß nichts im Stande gewesen ist, ihn aufzuhalten; daß er seine liegenden Gründe verkauft; daß er sich mit seinen ganzen Vermögen in einem Alter von — achtzig Jahren denk' ich, eingeschifft hat, und zwar auf ein Gewässer, das von feindlichen Schiffen bedeckt ist.

Dorv. Klairville, Sie müssen ihn erwarten. Sie müssen sich von der Gütigkeit des Vaters, von der Rechtschaffenheit der Tochter, von ihrer Liebe und von meiner Freundschaft alles versprechen. Ohnmöglich wird der Himmel gestatten, daß Wesen, die er, wie es scheint, der Tugend zum Troste und zur Aufmunterung hervorgebracht hat, insgesamt ohnverschuldet, unglücklich seyn sollten.

Klairv. Sie wollen also, daß ich leben soll!

Dorv. Ob ich es will? — Wenn Klairville in dem Innersten meiner Seele lesen könnte! — Aber ich habe Ihren Befehlen ein Genüge geleistet.

Klairv Mit Misvergnügen hör' ich Sie an! Gehen Sie, mein Freund; weil Sie mich in der

C gegen=

gegenwärtigen traurigen Lage verlassen, kann ich mir einen angemeßnen Begrif von den Bewegungsgründen machen, die Sie zurück rufen. Nichts hab' ich mir weiter von Ihnen auszubitten, als noch einen minutenlangen Verzug. Meine, über einige verdrüßliche Gerüchte, die man hier von Rosaliens Vermögen, und der Rückkunft ihres Vaters ausgestreuet hatte, bestürzte Schwester, ist wider ihren Willen ausgegangen. Ich habe ihr versprochen, Sie sollten während ihrer Abwesenheit nicht abreisen, Sie werden es mir doch nicht abschlagen; Sie werden doch so lange noch verziehen.

Dorv. Ist wohl etwas in der Welt, das Rosalie nicht von mir erhalten könnte?

Klairv. Konstanze! ach ich habe manchmal gedacht — Aber wir wollen diese Gedanken bis auf glücklichere Zeiten verschieben — Ich weiß wo sie ist, und will gehen, ihre Rückkunft zu beschleunigen.

Fünfter Auftritt.

Dorval allein.

Bin ich unglücklich, elend genug! — Ich flöse der Schwester meines Freundes eine geheime Leidenschaft ein — Ich fasse eine unsinnige für seine Geliebte; sie für mich — Was mach' ich noch länger in einem Hause, das ich völlig in Unordnung bringe? Wo ist die Rechtschaffenheit? Ist einige in meiner Aufführung? — (Er rufet wie unsinnig:) Karl, Karl, — er kömmt nicht — alles verläßt mich — (Er wirft sich in einen Armstuhl, versenkt sich im Nachdenken, und stößt in verschiednen Zwischenräumen diese se Worte aus:) Noch gieng' es an, wenn diese die ersten wären, die ich ins Elend stürze! — Aber nein, überall schlepp' ich das Unglück hin — Betrübte Sterbliche, elende bejammernswürdige Bälle des Zufalls — Seyd nur immer stolz auf euer Glück, auf eure Tugend! — Ich komme mit einer reinen Seele hieher — Ja; denn sie ist es noch — Hier finde ich drey Günstlinge des Himmels; eine tugendhafte und ruhige Frau; einen feurigen und mit Gegenliebe belohnten Liebhaber; eine junge, vernünftige, gefühlvolle Verliebte. — Die tugendhafte Frau hat die Ruhe ihres Herzens verlohren. Sie nährt in demselben eine nagende Leidenschaft. Der Liebhaber ist in Verzweiflung. Seine Gebietherin wird unbeständig, und ist deswegen nur noch unglücklicher — Was für ein größer Unglück hätte wohl ein Bösewicht anrichten können! — O du, der du alles leitest, der du mich hieher geführt hast, wirst du es auf dich nehmen, dich zu rechtfertigen? — Ich weiß nicht, was, wo, und woran ich bin — (Er schreyet noch einmal:) Karl, Karl.

Sechster Auftritt.

Dorval. Karl. Sylvester.

Karl. Mein Herr, die Pferde sind angespannt. Alles steht in Bereitschaft.

(geht ab, nachdem er dieses gesagt.)

Sylv. (kömmt herein) Eben kam Madame nach Hause. Sie wird herunter kommen.

Dorv. Konstanze?

Sylv.

Sylv. Ja, mein Herr.
(geht ab, nachdem er dieses gesagt.)

Karl. (kömmt zurück, und sagt zu Dorvaln, der ihn mit einer finstern Mine, und übers Kreuz geschlagnen Armen, anhört und ansieht.) (Indem er in seinen Taschen sucht,) Mein Herr — auch mich machen Sie durch Ihre Ungeduld verwirrt — Kurz, es scheint als wäre die gesunde Vernunft aus diesem Hause entflohen — Gebe doch Gott, daß wir sie unterwegs wieder erwischen mögen — Est denk' ich nicht mehr daran, daß ich einen Brief abzugeben habe, und jetzt, da ich daran denke, find' ich ihn nicht mehr. (nach langen Suchen findet er endlich den Brief, und giebt ihn Dorvaln.)

Dorv. Wo kömmt er denn her? (Karl geht ab.)

Siebender Auftritt.

Dorval allein. (er liest.)

„Schaam und Gewissensbisse verfolgen mich — Dor„val, Sie kennen die Gesetze der Unschuld — Bin ich „strafbar? — Retten Sie mich! — Ach, ist es „denn noch Zeit dazu? — Wie bedaur' ich meinen „Vater! — meinen Vater! — Und Klairvillen? „Mein Leben wollt' ich für ihn hingeben, — Adjeu, „Dorval, für Sie gäb' ich tausend Leben hin — Ad„jeu! Sie entfernen sich, und ich werde für Schmer„zen sterben.„ (Nachdem er mit gebrochner Stimme, und in der äußersten Verwirrung gelesen hat, wirft er sich in einen Armstuhl. Ein Weilchen schweigt er
still.

still. Hierauf wirft er seine zerstreuten, und sich stets herumdrehenden Augen auf den Brief, den er in der zitternden Hand hält, ließt wieder einige Worte davon, und sagt:) „Schaam nnd Gewissensbisse verfolgen mich„. Ich muß erröthen; zerfleischt werden— „Sie kennen die Gesetze der Unschuld —„ Ehemals kannt' ich sie — „Bin ich strafbar —„ Nein, ich bin es — „Sie entfernen sich, und ich werde sterben —„ O Himmel, ich unterliege — (indem er aufsteht:) Mit Gewalt will ich mich aus diesen Hause reisen — ich will — ich kann nicht — meine Vernunft wird in Unordnung gebracht — In welche Abgründe bin ich versunken? — O Rosalie! o Tugend! o Quaal! (Nach einem minutenlangen Stillschweigen steht er, aber mit vieler Mühe, auf. Mit langsamen Schritten nähert er sich einem Tische, und schreibt einige beschwerlich fallende Zeilen; allein mitten im Schreiben, kömmt Karl und schreyt:)

Achter Auftritt.

Dorval. Karl.

Karl. Zu Hülfe, mein Herr. Man ermordet — Klairvillen. —

(Dorval steht von dem Tische, an dem er schrieb, auf, läßt seinen Brief halb fertig liegen, fällt über seinen Degen her, den er auf einen Lehnstuhle findet, und eilt seinem Freunde zu Hülfe. Mitten unter diesen Bewegungen kömmt Konstanze dazu, und erstaunt sehr daß sie der Herr und der Diener allein lassen.)

Der natürliche Sohn,

Neunter Auftritt.

Konstanze allein.

Was soll dieses fliehen bedeuten? — Er hat mich erwarten müßen. Ich komme, und er verschwindet — Dorval, Sie kennen mich nicht von der rechten Seite — Ich kann wieder von der Krankheit genesen —

(Sie nähert sich dem Tische und findet den halbgeschriebnen Brief.)

Ein Brief! (Sie nimmt und liest den Brief.) „Ich liebe Sie, und fliehe; — leider nur zu „späte! — Ich bin Klairvillens Freund — die „Pflichten der Freundschaft, die geheiligten Ge- „setze des Gastrechts? —"

Himmel? wie groß ist mein Glück! — Er liebt mich! — Dorval, Sie lieben mich — (Sie geht bewegt auf und ab.) — Nein, Sie werden nicht fortreisen — Ihre Furcht ist unbedeutet — Ihre ausgesuchte Behutsamkeit ist eitel, übel angebracht — Sie besitzen meine Zärtlichkeit — Sie kennen weder Konstanzen, noch Ihren Freund — Nein, beyde kennen Sie nicht — aber vielleicht entfernt er sich, vielleicht flieht er in dem Augenblicke, da ich spreche. (Mit schnellen Schritten eilt sie von dem Schauplatze.)

Ende des zweten Aufzugs.

Drit-

Dritter Aufzug.

Erster Auftritt.

Dorval. Klairville.

(Sie kommen, die Hüte auf den Köpfen, zurück. Dorval legt seinen, nebst dem Degen, auf den Lehnstuhl.)

Klairv. Sie können versichert seyn, daß ein jeder anderer, wenn er sich an meiner Stelle befunden hätte, das nemliche gethan haben würde.

Dorv. Das glaub' ich. Aber ich kenne Klairvillen; er ist hitzig.

Klairv. Ich war zu bekümmert, als daß ich mich durch eine Kleinigkeit hätte aufbringen lassen — Was urtheilen Sie aber von diesem Gerüchte, das Konstanzen zu ihrer Freundin gelockt hatte?

Dorv. Davon ist jetzt die Rede nicht.

Klairv. Verzeihen Sie mir. Die Namen treffen ein; man spricht von einem aufgebrachten Schiffe, von einem Alten, der Merian heissen soll —

Dorv. Wir wollen, wenn ich bitten darf, dieses Schiff, und diesen Alten, ein Weilchen bey Seite setzen, und auf Ihren Handel kommen. Warum verschweigen Sie mir eine Sache, von der sich anjetzt jedermann unterhält, und die ich dennoch erfahren muß?

Klairv. Ich wollte lieber, daß es Ihnen jemand anders sagen möchte.

Dorv.

Dorv. Niemanden als Ihnen will ich etwas davon glauben.

Klairv. Weil Sie also darauf bringen, daß ich reden soll, so wissen Sie; von Ihnen war die Rede.

Dorv. Von mir?

Klairv. Von Ihnen. Diejenigen, wider die Sie mir beygestanden haben, sind zween Bösewichter, und schlechte Kerls. Wegen boshafter Verläumdungen jagte Konstanze den einen ehemals von sich; der andre hatte eine Zeitlang Absichten auf Rosalien. Ich fand sie bey dem Frauenzimmer, von der meine Schwester eben weggegangen war. Sie sprachen von Ihrer Abreise; denn man weiß hier alles. Sie standen in Zweifel, ob sie mir Glück dazu wünschen, oder mich deshalb beklagen sollten. Sie waren beyde in gleichen Grade darüber erstaunt.

Dorv. Warum erstaunt?

Klairv. Darum, weil, wie der eine sagte, meine Schwester Sie liebte.

Dorv. Das ist mir viel Ehre.

Klairv. Der andre sagte, Sie liebten meine Gebieterin.

Dorv. Ich?

Klairv. Sie.

Dorv. Rosalien?

Klairv. Rosalien.

Dorv. Klairville, sollten Sie fähig seyn, zu glauben —

Klairv. Ich glaube, Sie sind unfähig, eine Treulosigkeit zu begehen. (Dorval geräth in Unruhe.)

Nie entstand ein niedriger Gedanke in der Seele des Dorval, nie ein beleidigender Argwohn in der Brust des Klairville.

Dorv. Schonen Sie mich, Klairville.

Klairv. Ich lasse Ihnen Gerechtigkeit wiederfahren. Deßwegen heftete ich auch Blicke des Unwillens und der Verachtung auf sie. (Klairville sieht Dorvaln mit solchen Augen an, Dorval kann sie nicht aushalten, diese Blicke; er wendet den Kopf weg, und bedeckt sich das Gesicht mit den Händen,) Ich gab ihnen zu verstehen, daß man gemeiniglich den Keim der Niederträchtigkeiten in sich selbst trüge, wenn man so geneigt wäre, auf andre dergleichen Argwohn zu werfen; und daß ich verlangte, ich möchte auch seyn, wo ich wollte, man sollte für meine Geliebte, für meine Schwester, und für meinen Freund Ehrfurcht bezeigen — Sie geben mir doch Beyfall, denk' ich?

Dorv. Ich kann Sie nicht tadeln — Nein — Aber.

Klairv. Auf diese Reden blieben sie mir keine Antworten schuldig. Sie gehen fort. Ich auch. Sie fallen mich an —

Dorv. Und es war um Sie geschehen, wenn ich nicht herbey eilte? —

Klairv. Es ist eine ausgemachte Wahrheit, daß ich Ihnen das Leben zu verdanken habe.

Dorv. Das heißt, wenn ich nur einen Augenblick später kam, war ich Ihr Mörder.

Klairv. Wo denken Sie doch hin. Sie verlohren einen Freund; aber Sie blieben da, und beständig

dig derselbe, der Sie immer waren. Konnten Sie
denn einem unwürdigen Verdachte zuvorkommen?
    Dorv. Vielleicht.
    Klairv. Ehrenrührige Reden verhüten?
    Dorv. Vielleicht.
    Klairv. Wie unbillig verfahren Sie mit sich
selbst.
    Dorv. Wie erhaben ist doch die Unschuld und
Tugend, und wie niedrig und klein ist das geheime
Laster vor ihnen.

Zweeter Auftritt.

Dorval. Klairville. Konstanze.

    Konst. Dorval — mein Bruder — in welche Un-
ruhe stürzt Ihr uns! — Noch müssen Sie sehen, wie
ich deshalb zittre, und Rosalie ist davon halb todt.
    Dorv. und Klairv. Rosalie! (Dorval thut sich
geschwind Gewalt an.)
    Klairv. Ich gehe. Ich eile zu ihr.
    Konst. (hält ihn bey dem Arme zurück.) Justine ist
bey ihr. Ich habe sie besucht. Eben komm' ich von
ihr. Ihrentwegen sey nicht unruhig.
    Klairv. Ihrentwegen — Dorvals wegen bin ich
es — Er ist so tiefsinnig, daß ich es gar nicht begreifen kann — In demselben Augenblicke, da er
seinem Freunde das Leben rettet! — Freund, wenn
Sie einigen Verdruß haben, warum schütten Sie
ihn nicht in den Busen Ihres Freundes aus, der
alles, Freude und Betrübniß, mit Ihnen theilt;

der

oder die Proben der Tugend. 43

der, wenn er glücklich wäre, blos für Dorvaln und Rosalien lebte.

Konst. (zieht einen Brief aus ihren Busen, giebt ihn Klairvillen und sagt:) Hier mein Bruder, das ist sein und mein Geheimniß, und wahrscheinlicher Weise, die Ursache seiner Schwermuth. (Klairville nimmt und liest den Brief. Dorval, der ihn für den erkennt, den er an Rosalien geschrieben hat, ruft aus:)

Dorv. Gerechter Himmel! das ist mein Brief!

Konst. Ja, Dorval. Nun reisen Sie nicht fort. Ich weiß alles. Alles ist in gehörige Ordnung gebracht. — Welche übertriebne Bedenklichkeit machte Sie zum Feinde unsers gemeinschaftlichen Glücks? — Sie liebten mich! Sie schrieben an mich! — Sie flohen! — (Bey einem jeden dieser Wörter bewegt und quält sich Dorval heftig.)

Dorv. Es muste seyn. Noch muß es seyn. Ein grausames Schicksal verfolgt mich. Madame, dieser Brief — (leise) Himmel, was hatt' ich auf der Zunge!

Klairv. Was hab' ich gelesen? Wie? Mein Freund, mein Erretter, will mein Bruder werden! Wie sehr vermehrt sich mein Glück, und meine Erkenntlichkeit!

Konst. Erkennen Sie endlich aus seiner übermäsigen Freude, wie wahr und lauter seine Gesinnungen, und wie ungerecht Ihre Unruhe, waren. Aber welcher unbekannte Bewegungsgrund kann annoch Ihre Entzückungen zurückhalten? Dorval, wenn ich Ihre Zärtlichkeit besitze, warum schenken Sie mir nicht auch Ihr Vertrauen?

Dorv.

Dorv. (in einem traurigen Tone, und mit einer niedergeschlagnen Mine.) Klairville.

Klairv. Mein Freund, Sie sind traurig.

Dorv. Es ist wahr.

Konst. Reden Sie doch, und thun Sie sich nicht länger Gewalt an — Dorval, setzen Sie doch einiges Vertrauen auf Ihren Freund. (Da Dorval immer noch schweigt, setzt Konstanze hinzu.) Aber ich sehe, daß meine Gegenwart Sie verhindert. Ich lasse Sie mit ihm allein.

Dritter Auftritt.

Dorval. Klairville.

Klairv. Dorval, wir sind allein. — Konnten Sie denn zweifeln, daß ich Ihre Verbindung mit Konstanzen billigen würde? — Warum machten Sie mir ein Geheimniß aus Ihrer Neigung? Konstanzen halt ich es zu gute, die ist ein Frauenzimmer — aber Ihnen! — Sie antworten mir nicht. (Dorval hört mit hangenden Kopfe und übers Kreuz geschlagnen Armen zu.) Sollten Sie befürchtet haben, daß meine von den Umständen Ihrer Geburt unterrichtete Schwester —

Dorv. (wendet blos den Kopf gegen Klairvillen, ohne seine übrige Stellung zu verändern.) Klairville, Sie beleidigen mich. Ich habe eine zu erhaben denkende Seele, als daß dergleichen Furcht in mir entstehen könnte. Wo Konstanze dieses Vorurtheils fähig wäre, so wäre sie, ich getraue mir es zu behaupten, meiner nicht würdig.

Klairv.

Klairv. Verzeihen Sie, mein theuerster Dorval. Die hartnäckige Traurigkeit, in der ich Sie zu einer Zeit, da alles Ihre Wünsche zu beglücken scheint, versenkt sehe, —

Dorv. (heimlich und mit Bitterkeit.) Wahr ists, alles glückt mir auf sonderbare Weise.

Klairv. Diese Traurigkeit, beunruhiget, bestürzt mich, und leitet meinen Verstand auf alle Arten von Einfällen. Viele falsche und verkehrte hätte mir ein wenig mehr Vertrauen von Ihrer Seite ersparen können — Mein Freund, niemals sind Sie offenherzig gegen mich gewesen—Dorval, Sie kennen jene süssen Ergiesungen nicht — Ihre in sich selbst verhüllte, verschlossene Seele— Aber, hab' ich endlich Ihre Gedanken errathen? Haben Sie etwan besorgt, daß ich durch eine zwote Vermählung der Konstanze, der Hälfte eines an sich zwar unbeträchtlichen, nun aber doch, wie man glaubte, sichern Vermögens, beraubt, nicht reich genug seyn möchte, Rosalien zu heurathen?

Dorv. (betrübt) Da ist sie, diese Rosalie! — Klairville, denken Sie darauf, wie Sie den Eindruck, den Ihre Gefahr auf sie gemacht haben muß, unterstützen und benutzen wollen.

Vierter Auftritt.

Dorval. Klairville. Rosalie. Justine.

Klairv. (eilt Rosalien mit schnellen Schritten entgegen.) Ist es denn würklich an dem, daß Rosalie in Furcht gestanden hat, mich zu verlieren? Daß sie für mein Leben gezittert hat? Wie theuer sollte mir der Augenblick seyn, da ich auf dem Punkte stand, mein Leben zu verlieren, wenn ich gewiß wüste, daß er einen Funken von Zärtlichkeit wieder in Ihren Herzen angefacht hätte!

Rosal. Wahr ists, Ihre Unvorsichtigkeit hat mir Schaudern erregt.

Klairv. Wie glücklich bin ich! (Er will ihr die Hand küssen, sie zieht sie zurück.)

Ros. Mäßigen Sie sich, mein Herr, ich begreife, wie viele Verbindlichkeit wir Dorvaln schuldig sind. Aber dieses ist mir auch nicht unbekannt, daß dergleichen Begebenheiten mögen auf Seiten einer Mannsperson auch ausschlagen wie sie nur wollen, die Folgen derselben doch allemal für ein Frauenzimmer verdrüßlich sind.

Dorv. Mademoiselle, der blinde Zufall zieht uns Händel zu, und die Ehre hat ihre Gesetze.

Klairv. Rosalie, ich möchte verzweifeln, daß ich Ihnen misfallen habe. Aber schlagen Sie den ehrfurchtvollesten und zärtlichsten Liebhaber nicht gänzlich zu Boden; oder sollten Sie ja dazu entschlossen seyn, so kränken Sie einen Freund nicht länger, der glücklich seyn würde, wenn Sie nicht so ungerecht wären. Dorval liebt Konstanzen. Er wird von ihr geliebt. Er stand im Begriffe, uns zu verlassen. Ein heimlich erwischter Brief hat alles aufgeklärt — Rosalie, Sie dürfen ein Wort sagen, und wir werden insgesamt durch ein ewig dauerndes Band vereiniget, Dorval mit Konstanzen, Klairville mit Rosalien; ein Wort, und der

Hin=

Himmel wird dieses Haus mit gefälligen Lächeln anblicken.

Rof. (sinkt in einen Lehnstuhl.) Ich sterbe.

Dorv. und Klairv. O Himmel! Sie stirbt.

Klairv. (fällt Rosalien zu Füssen.)

Dorv. (ruft die Bedienten.) Karl, Sylvester, Justine.

Just. (indem sie ihrer Gebietherin Hülfe leistet.) Da sehen Sie es, Mademoiselle — Sie wollten aber ausgehen — Ich sagt' es Ihnen voraus —

Rof. (indem sie wieder zu sich kömmt und aufsteht, sagt sie:) Komm Justine, laß uns gehn.

Klairv. (will ihr den Arm geben, und sie unterstützen.) Rosalie —

Rof. Lassen Sie mich gehn — Ich hasse Sie — Lassen Sie mich gehen, sag ich Ihnen.

Fünfter Auftritt.

Dorval. Klairville.

(Klairville verläßt Rosalien. Er thut wie närrisch. Er geht, kömmt wieder, bleibt stehen, seufzt für Schmerz und Wuth: stützt sich mit den Ellenbogen an die Lehne eines Armstuhls, den Kopf auf die Hände gelegt, und die Ballen in die Augen gestemmt. Ein minutenlanges Stillschweigen; endlich spricht er:)

Klairv. Ist es damit genug? — Das ist also die Belohnung für meine Unruhe! Das sind die Früchte meiner Zärtlichkeit! „Lassen Sie mich gehen. Ich hasse Sie„ Ach! (Er stößt den undeutlichen Laut der Verzweiflung aus; er geht mit heftiger Bewegung

wegung herum; und wiederholt unter verschiedenen Arten von heftigen und gewaltsamen Ausrufungen:) „Lassen Sie mich gehen; ich hasse Sie,, (Er wirft sich in einen Armstuhl. Er schweigt ein Weilchen, dann sagt er in einen heisern und leisen Tone:) Sie hasset mich! — und womit hab' ich es verdienet, daß sie mich hasset? Ich habe sie zu heftig geliebt. (Nun schweigt er wieder; steht auf; geht hin und her; scheint etwas beruhigt zu seyn, und spricht:) Ja, ich bin ihr verhaßt. Ich seh' es. Ich empfind' es. Dorval, Sie sind mein Freund. Muß ich mich von ihr losmachen — und sterben? Reden Sie. Entscheiden Sie mein Schicksal.

(Karl kömmt herein. Klairville geht auf und ab.)

Sechster Auftritt.

Dorval.   Klairville.   Karl.

Karl. (mit Zittern zu Klairvillen, den er aufgebracht sieht.) Mein Herr —

Klairv. (sieht ihn von der Seite an:) Was giebts?

Karl. Unten ist ein Unbekannter, der gern mit jemanden sprechen wollte.

Klairv. (auffahrend.) Er kann warten.

Karl. (immer noch zitternd, und ganz leise:) Es ist ein armer Mensch, und er hat schon lange gewartet.

Klairv. (ungedulbig:) Nun so mag er herein kommen.

oder die Proben der Tugend.

Siebender Auftritt.

Dorval. Klairville. Justine. Karl. Sylvester. Andre.
(Und die übrigen von der Neugierde herbeygelockten, und an verschiedenen Oertern des Schauplatzes zerstreuten Hausbedienten. Justine kömmt etwas später, als die andern.)

Klairv. (etwas hastig:) Wer seyd ihr? Was wollt ihr?

Andre. Mein Herr, ich heisse Andre, und bin bey einem rechtschaffnen Greise in Diensten. Ich bin der Gefährde seiner Unglücksfälle gewesen, und kam hieher, seiner Tochter seine Ankunft zu melden.

Klairv. Rosalien?

Andre. Ja, mein Herr.

Klairv. Neue Unglücksfälle! Wo ist euer Herr? Was habt ihr mit ihm vorgenommen?

Andre. Fassen Sie sich; er lebt, er ist unterwegens. Wenn ich Kräfte dazu habe, und Sie so gütig seyn, und mich anhören wollen, will ich Ihnen von allen hinlängliche Nachricht geben.

Klairv. Redet.

Andre. Mein Herr und ich seegelten am sechsten Julius auf dem Schiffe l'Apparent von der Rheede zu Fort-Royal, ab. Noch niemals hatte mein Herr so viel Freude und Gesundheit spüren lassen. Bald wendete er seine Augen nach der Gegend, wohin uns die Winde zu führen schienen, hob die Hände gen Himmel, und flehete um ein baldiges Ende der Reise. Bald sah er mich mit einer

hoff-

hoffnungsvollen Mine an, und sagte: „Andre, „noch vierzehn Tage wird es dauern, dann werd' ich „meine Kinder sehen, und werde sie umarmen, und „werde wenigstens einmal vor meinem Ende glück= „lich seyn.„

Klairv. (sagt gerührt zu Dorvaln:) Da hören Sie es. Er belegte mich schon mit den süssen Namen seines Sohns. Und wie weiter, Andre?

Andre. Was soll ich Ihnen sagen, mein Herr? Wir hatten die gewünschteste Fahrt. Schon be= rührten wir Frankreichs Küsten; tausend Gefah= ren, denen man auf der See ausgesetzt ist, glück= lich entronnen, hatten wir das feste Land schon mit tausendfachen Freudengeschrey gegrüßt, wir um= armten einander wechselsweise, der Kommandant, die Offiziers, die Reisenden, die Bootsleute; als wir von Schiffen aufgebracht wurden, die uns Friede, Friede, zuschrieen; sie enterten mit Hül= fe dieses verrätherischen Geschreyes, und wir wur= den zu Gefangegen gemacht.

Dorv. und Klairv. (geben jeder ihr Erstaunen und ihren Schmerz durch Bewegungen zu verstehen, die ihren Karakteren angemessen sind.) Zu Gefangenen ge= macht!

Andre. Was wurde da aus meinen Herrn? Thränen flossen aus seinen Augen. Er stieß tiefe Seufzer aus. Er heftete seine Blicke, er streckte seine Arme, es schien', als schösse seine Seele nach den Küsten, von denen wir uns entfernten. Kaum aber hatten wir sie aus dem Gesichte verlohren, als seine Augen trocken wurden. Sein Herz ver=
schloß

oder die Proben der Tugend.

schloß sich. Seine Blicke heftete er auf das Waſſer. Er verfiel in einen düſtern und tiefſinnigen Schmerz, der mich ſeines Lebens wegen in Furcht ſetzte. Oftmals bot ich ihm Brod und Waſſer an, er ſchlug es aber aus.

(Andre hält hier eine Weile inne, um weinen zu können.)

Inzwiſchen liefen wir in dem feindlichen Hafen ein — Verſchonen Sie mich mit der weitern Erzählung — Nein, niemals würd' ich es im Stande ſeyn.

Klairv. Fahret fort, Andre.

Andre. Man plünderte mich aus, und beraubte mich meiner Kleider. Man belud meinen Herrn mit Feſſeln. Nun konnt' ich meine Klagen nicht länger zurückhalten. Ich ruft' ihn etliche mal: "Liebſter Herr, beſter Herr." Er verſtand mich, blickte mich an, ließ ſeine Arme betrübt ſinken, kehrte ſich wieder um, und folgte ohne zu ſprechen, denen nach, die ihn umringten — Inzwiſchen ſchmiß man mich halb nackend, in das alleruterſte Behältniß eines Gebäudes, mitten unter einen Haufen Elender, die man unbarmherziger Weiſe im Kothe erſticken, und ſie der äuſerſten und ſchrecklichen Quaal des Hungers, des Durſts und der Krankheiten überließ. Und um Ihnen in wenigen Worten das ganze furchtbare und grauſenvolle dieſes Orts zu ſchildern, will ich Ihnen ſagen, daß

Klairv. Das ist nun eine Schilderung dieser Völker, deren Weisheit man bis an den Himmel erhöht, und die man uns stets zu Mustern vorstellt! So gehen sie mit den Menschen um!

Dorv. Wie sehr hat sich die Denkungsart dieser edelmüthigen Völkerschaft geändert!

Andre. Drey Tage hatt' ich unter diesem Haufen Todter und Sterbender, und alle waren Franzosen, zugebracht, als ich endlich darunter hervorgezogen wurde. Man behieng mich mit alten zerfleischten Lumpen, und führte mich, nebst einigen meiner unglücklichen Gesellschafter, in die Stadt; durch Straßen die mit ungezähmten Pöbel angefüllt waren, der uns, indeßen da eine ganz entgegen gesetzte Gattung Menschen, die der Auflauf an die Fenster gelockt hatte, Geld, und andre Hülfsmittel auf uns herab regnen ließ; mit Verwünschungen und Schimpfreden überhäufte.

Dorv. Welch ein unglaubliches Gemisch von Menschenliebe, Wohlthätigkeit und Barbarey!

Andre. Mir war es unbewust, ob man uns der Freyheit entgegen führte, oder zum Blutgerüste schleppte.

Klairv. Und euer Herr, Andre?

Andre. Ich gieng zu ihm; es war dieses der erste Liebesdienst eines alten Korrespondenten, den er von unserm Unglücke Nachricht gegeben hatte. Ich gelangte an ein Stadtgefängniß. Man schloß die Thüren eines finstern Kerkers auf, und ich stieg hinab. Schon einige Zeit stand ich unbeweglich in dieser Finsterniß, als mir eine kaum vernehmliche

che Stimme in die Ohren fiel, die erlischend sag=
te: „Andre, bist Du es? schon längst erwartete ich
Dich. „Ich lief oder tapte vielmehr auf die Gegend zu, wo der Schall herkam, und ich stieß auf
zween nackende Aerme, die mich in der Dunkelheit
suchten. Ich bemächtigte mich ihrer, ich küßte sie,
ich badete sie mit meinen Thränen; es waren
die Aerme meines Herrns. (Eine kleine Pause.)
Er war nackend, auf der feuchten Erde ausge=
streckt.—"Die Elenden die sich hier befinden, haben
„mein Alter und meine Schwäche gemißbraucht,
„und mein Brod aus dem Munde gerißen, und
„mein Stroh entwendet,„ sagt' er zu mir. (Hier
stoßen alle Bediente ein herbes Geschrey aus. Klairville
kann seinen Schmerz nicht länger an sich halten. Dor=
val giebt Andren einen Wink, daß er einen Augenblick
inne halten soll. Er thut es. Hierauf fährt er schluch=
zend fort.)

Ich entledige mich inzwischen meiner zerrißnen
Kleider, und breite sie unter meinen Herrn, der mit
einer erstorbnen Stimme die Gütigkeit des Himmels prieß —

Dorv. (heimlich, bey Seite, und bitter) Die ihn
in einem schrecklichen Kerker, auf den Lumpen seines Bedientens den Geist aufgeben ließ!

Andre. Nun besann' ich mich auch auf die er-
haltnen Almosen. Ich rufte um Beystand, und

„Was mich anbetrift, ich spür' es an meiner Mat-„tigkeit, daß ich hier sterben muß." Hier fühlt' ich daß er seine Arme um meinen Hals schlang, sein Gesichte an meines legte, und meine Wangen mit Thränen benetzte. " Mein Freund (sagt' er, „denn so pflegt' er mich oft zu nennen) Du wirst meine „letzten Seufzer auffassen. Du wirst meinen Kin-„dern, meine letzten Worte überbringen. Ach! aus „meinem Munde sollten sie Dieselben vernehmen!"

Klairv. (sieht Dorvaln mit thränenden Augen an.) Seinen Kindern!

Andre. Während der Ueberfarth hatt' er mir gesagt, daß er ein gebohrner Franzose wäre, daß er nicht Merian hieße; daß er bey seiner Entfernung aus seinem Vaterlande, seinen Familiennamen, aus Gründen, die ich mit der Zeit erfahren solte, abgelegt hätte. Ach! er muthmaaßte nicht, daß diese Zeit so nahe wäre! Er seufzete, und ich sollte eben mehr erfahren, als wir die Thüre des Gefängnisses eröffnen hörten. Man rufte uns; es war der alte Korrespondent, der uns wieder zusammen gebracht hatte, und nunmehr befreyen wollte. Wie heftig war sein Schmerz, als er seine Augen auf einen alten Mann warf, der nichts weiter mehr, als ein zappelnder Leichnam war. Thränen rollten aus seinen Augen. Er entkleidete sich, bedeckte ihn mit seinen Kleidern, und wir giengen und schlugen unsre Wohnung bey diesem Gastfreunde auf, und empfingen alle ersinnliche Beweise der Menschenliebe. Man hätte sagen können, diese rechtschafne Familie erröthe insgeheim über die Grausamkeit und Ungerechtigkeit der Nation.

Dorv.

oder die Proben der Tugend. 55

Dorv. Nichts demüthigt also mehr, als die Ungerechtigkeit!

Andre. (wischt sich die Augen aus, und nimmt eine heitere Mine an.)

Im kurzen erhielt mein Herr seine Gesundheit und Kräfte wieder. Man both' ihm Beistand an, und ich muthmaaße, daß er ihn muß angenommen haben; denn bey unsern Ausgange aus dem Gefängniße, hatten wir nicht soviel, daß wir uns ein Stück Brod kaufen konnten. Alles war zu unsrer Rückreise angeordnet, und wir waren zur Abreise bereit, als mich mein Herr bey Seite führte (nein, das werd' ich in meinem Leben nicht vergessen!) und sagte: "Andre, hast Du hier weiter nichts zu thun?" Nein, mein Herr antwortet' ich ihm. "An unsre Landsleute, die wir in dem „Elende, aus dem uns die Milde des Himmels „gerißen hat, gelaßen haben; denkst Du also nicht „mehr? Nimm hin, mein Sohn, geh und nimm „Abschied von ihnen." Ich lief hin. Ach, von einer Menge Unglückseliger, war nur noch eine geringe Anzahl übrig, und die waren so abgezehrt, so ausgemergelt, und ihrem Ende so nahe, daß die meisten kaum im Stande waren und Kräfte genug besaßen, die Hand auszustrecken, und die Gabe anzunehmen.

Dieß ist, mein Herr, die ganze Beschreibung

Ich habe meinen Herrn in Paris gelassen, daß er da ein wenig ausruhen kann. Er hatte sich eine Freude versprochen; er glaubte daselbst einen Freund zu finden. (Bey diesen Worten kömmt Dorval wieder auf Andre'n zu, und leihet ihm ein aufmerksames Ohr.) Allein dieser Freund ist seit etlichen Monaten abwesend, und mein Herr rechnete darauf, wie er kurz nach mir hierher kommen wollte. (Dorval fährt fort, auf und nieder zu gehen, indem er sich beunruhigt.)

Klairv. Seid ihr bey Rosalien gewesen?

Andre. Nein, mein Herr. Ich bringe ihr ja nichts als Schmerzen, daher hab' ich es nicht gewagt, ihr unter die Augen zu gehen.

Klairv. Gehet Andre, und ruhet aus. | Sylvester, ich befehl' ihn euch an — Man laß' es ihm an nichts mangeln. (Die sämmtlichen Bedienten bemächtigen sich des Andre, und führen ihn fort.)

Achter Auftritt.
Dorval. Klairville.

(Nach einem Stillschweigen, während dem Dorval unbeweglich, mit niedergeschlagnem Kopfe, einer nachdenkenden Mine, und übers Kreuz geschlagnen Armen, (das ist beynahe seine allgewöhnliche Stellung) da gestanden hat, und Klairville in Bewegung auf und ab gegangen ist, sagt dieser:)

Klairv. Nicht wahr, mein Freund, dieser Tag ist für die Ehrlichkeit unglücklich? und glauben Sie wohl, daß in der gegenwärtigen Stunde, da ich mit Ihnen spreche, ein einziger rechtschafner Mann auf der Welt glücklich ist?   Dorv.

Dorv. Ein einziger Bösewicht wollen Sie sagen. Aber, Klairville, wir wollen jetzt die Moral bey Seite setzen. Man fällt sehr üble Urtheile davon, wenn man glaubt, man habe Ursache, sich über den Himmel zu beklagen — Was haben Sie anjetzt für Absichten, für Plane?

Klairv. Sie übersehen doch die ganze Gröse meines Unglücks. Rosaliens Herz, das einige Gut, dessen Verlust mich niederschlägt, hab' ich eingebüst!

Ich wag' es nicht, den Argwohn zu hegen, als wäre die Mittelmäsigkeit meiner Glücksgüter, die heimliche Ursache ihrer Unbeständigkeit. Ist sie es aber; wie weit stehet sie gegenwärtig nicht von mir ab, da sie selbst bis auf sehr eingeschränkte Umstände herunter gebracht ist? Wird sie sich, einem Menschen den sie nicht mehr liebt zu gefallen, allen Folgen der, beynahe dürft' ich sagen, Armuth aussetzen? Soll ich in eigner Person hingehen und sie darum ersuchen? Kann ich es? Darf ich es? Eine neue Last für sie, ist ihr Vater. Ungewiß ist es, ob er mir seine Tochter bewilligen wird. Fast augenscheinlich ist es, daß wenn ich sie annehme, sie dadurch vollends zu Grunde gerichtet wird. Ueberlegen Sie, und entscheiden Sie.

Dorv. Dieser Andre, hat meine Seele in Verwirrung gesetzt. Wenn Sie die Gedanken wißen sollten, die ich unter seiner Erzählung gehabt habe — Dieser Alte — seine Reden — sein Karakter — Diese Namensänderung — Aber laßen Sie mich einen Argwohn, der mein Gehirn einnimmt,

nimmt, zerstreuen, und über Ihre Angelegenheit nachdenken.

Klairv. Bedenken Sie, Dorval, daß Klairvillens Schicksal in Ihren Händen liegt.

Neunter Auftritt.

Dorval allein.

Welch' ein Tag voll Bitterkeit und Verwirrung! Welche mannichfaltige Quaalen! Es scheint als entstände eine dicke Finsterniß um mich herum, und bedeckte dieses von tausend schmerzhaften Empfindungen gepreßte Herz! — O Himmel, wirst Du mir nie einen Augenblick Ruhe gönnen! — Die Lügen, die Verstellung verabscheu' ich; und in einer Minute, hintergeh' ich meinen Freund, seine Schwester und Rosalien — Was muß sie von mir denken? — Was soll ich ihren Liebhaber betreffend, entscheiden? — Was mit Konstanzen anfangen? — Dorval, wirst Du aufhören, wirst Du fortfahren ein ehrlicher Mann zu seyn? — Ein unvermutheter Fall hat Rosalien zu Grunde gerichtet. Sie ist in dürftigen, ich in beglückten Umständen. Ich liebe sie, sie mich. Klairville kann sie nicht erhalten — Gehet aus meinem Kopfe, entfernt euch aus meinem Herzen, schändliche Verblendungen! Der unglücklichste Mensch kann ich zwar seyn, aber der schlechteste und niedrigste will ich nicht werden — Tugend, holder und grausamer Begriff! Theure und barbarische Pflichten! Freundschaft, die du mich fesselst und zerfleischest, dir will ich gehorchen.

Was

Was bist Du o Tugend, wenn Du kein Opfer forderst? Freundschaft, Du bist nichts als ein leerer Name, wenn Du kein Gesetz auflegst. — Klairville wird demnach Rosalien heurathen! —

(Er sinkt fast ohne Empfindung in einen Lehnstuhl; er steht nachhero wieder auf, und sagt:) — Nein, ich will meinem Freunde seine Geliebte nicht entreißen. Bis so weit will ich mich nicht erniedrigen. Mein Herz steht mir dafür. Unglücklich ist der, der der Stimme seines Herzens nicht gehorcht! — Aber Klairville besitzt keine Reichthümer. Rosalie keine mehr — Diese Schwierigkeiten müßen aus dem Wege geräumt werden. Ich kan es, ich will es. Giebt es wohl einige Noth, in der man nicht durch eine großmüthige Handlung getröstet werden kann? Ach, ich fange wieder an Luft zu schöpfen! —

Wenn ich Rosalien nicht heurathe, zu was sind mir die Reichthümer nütze? Was für einen würdigern Gebrauch kann ich davon machen, als wenn ich sie zum Nutzen und Vortheil zweyer Wesen verwende, die mir schätzbar sind? Ach, wenn man es beym Lichte besieht, ist dieses an sich ungemeine Opfer, im Grunde nichtig, unbeträchtlich — Klairville wird mir sein Glück zu verdanken haben! Rosalie wird mir ihr Glück zu verdanken haben! Rosaliens Vater wird mir sein Glück zu verdanken haben! — Und Konstanze? — Wird die Wahrheit aus meinem Munde vernehmen; wird mich kennen lernen; wird für das Frauenzimmer zittern, das es wagen wollte, mein Schicksal mit mir zu theilen

len — Wenn ich allen, was mich umgiebt, die Ruhe wieder gebe, werd' ich ohnstreitig auch die Gemüthsruhe wieder finden, die mich jetzt flieht! — (er seufzt.) Dorval, warum leidest du denn? Warum werd' ich gemartert? O Tugend, hab' ich noch nicht genug für dich gethan!

Aber Rosalie wird ihr Glück nicht von meinen Händen annehmen wollen. Sie kennt den Werth dieser Gunst zu gut, als daß sie dieselbe einen Menschen angedeihen lassen sollte, den sie hassen, verachten muß — Also wird man sie täuschen müssen! — Und wenn ich mich dazu entschließe, wie muß man es anfangen? — Durch die öffentlichen Blätter ausstreuen lassen, daß das Schiff, welches ihre Reichthümer in sich enthielt, versichert gewesen wäre? — Ihr den Betrag dessen, was sie verlohren hatte, durch einen Unbekannten zuschicken? Warum nicht? — Das Mittel ist natürlich und leicht. Es findet meinen Beyfall, nichts, als ein wenig Geschwindigkeit ist erforderlich. (Er ruft Karln.) Karl. (Er setzt sich an einen Tisch, und schreibt.)

Zehnter Auftritt.

Dorval. Karl.

Dorv. (giebt ihm einen Brief, und spricht:) Nach Paris, an meinen Wechsler.

Ende des dritten Aufzugs.

Vier-

Vierter Aufzug.

Erster Auftritt.

Rosalie. Justine.

Just. Nun, Mademoiselle. Sie haben Andren zu sehen verlangt. Sie haben ihn gesehen, Ihr Herr Vater kömmt, aber Sie sind von Glücksgütern entblößt.

Ros. (ein Schnupftuch in der Hand.) Was kann ich wider das Schicksal? Lebt doch mein Vater noch. Wenn der Verlust seines Vermögens nur nicht seine Gesundheit geschwächt hat, so ist das Uibrige alles für nichts zu rechnen.

Just. Wie, das Uibrige ist für nichts zu rechnen?

Ros. Nein, Justine. Ich werde mit der Dürftigkeit bekannt werden; es giebt noch grössere Uibel als diese.

Just. Lassen Sie sich Ihre Einbildung hier nicht täuschen, Mademoiselle. Keines wird man eher überdrüßig, als dieses.

Ros. Würd' ich im Schoose des Glücks weniger beklagenswürdig seyn? — In einer unschuldigen und ruhigen Seele, wohnt die Glückseligkeit; und diese Seele, Justine, besaß ich.

Just. Und Klairville herrschte in derselben.

Ros. (sitzt und weinet.) Geliebter, der du mir sonst so theuer warest! Klairville, den ich schätze, und in Verzweiflung stürze! O du, dem ein weit Unwürdiger.

ger alle meine Zärtlichkeit geraubt hat, siehe, du bist blutig gerächt! Ich weine, und man spottet meiner Thränen. Justine, was hältst du von diesem Dorval? — Das ist also dieser zärtliche Freund, dieser aufrichtige Mann, dieser tugendhafte Sterbliche? Er ist, so wie die andern, ein Bösewicht, der mit den allerheiligsten Dingen, mit der Liebe, mit der Freundschaft, mit der Wahrheit, mit der Tugend, seinen Spott treibet! — Wie beklag' ich Konstanzen! Mich hat er betrogen. Leicht kann er auch sie betrügen — (Sie steht auf.) Aber ich höre jemand — Justine, wenn er es wäre? —

Just. Mademoiselle, es ist niemand.

Ros. (setzt sich wieder nieder, und sagt:) Wie boshaft sind sie, die Mannspersonen! und wie einfältig wir! — Betracht' einmal Justine, wie in ihren Herzen die Wahrheit mit dem Meineide, und die erhabne Denkungsart mit der Niederträchtigkeit gränzt! — Dieser Dorval, der sein Leben für seinen Freund in Gefahr giebt, ist eben derselbe, der ihn betrügt, seine Schwester betrügt, und für mich Zärtlichkeit zu haben vorgiebt. Warum werf' ich ihn aber die Zärtlichkeit für! Das ist mein Verbrechen. Seines ist eine Falschheit, die ohne Beyspiel ist.

Zweeter Auftritt.

Rosalie. Konstanze.

Ros. (geht Konstanzen entgegen.) Ach, Konstanze, in was für einen Zustande überraschen Sie mich!

Konst. Ich komme, Ihre Noth mit Ihnen zu theilen.   Ros.

ober die Proben der Tugend.

Rof. Möchten Sie doch stets glücklich seyn können!

Konst. (setzt sich nieder, nöthigt Rosalien, sich neben sie zu setzen, und fasset sie bey beyden Händen an.) Rosalie, ich verlange weiter nichts, als die Erlaubniß, mich mit Ihnen zu betrüben. Lange genug hab' ich die Unbeständigkeit der menschlichen Dinge erfahren, und Sie wissen, daß ich Sie liebe.

Rof. Alles hat sich verändert, alles ist in einem Augenblicke über den Haufen gefallen.

Konst. Konstanzen haben Sie noch—und Klairvillen.

Rof. Nicht zeitig genug kann ich mich aus einem Hause entfernen, wo mir mein Schmerz selbst zur Last ist.

Konst. Mein Kind, sehen Sie sich wohl für. Das Unglück macht Sie ungerecht und grausam. Aber Ihnen darf ich deswegen keine Vorwürfe machen. Im Schooße der Glückseligkeit, vergaß ich es, Sie auf die Unfälle vorzubereiten. Da ich glücklich wurde, verlohr' ich die Unglücklichen aus dem Gesichte. Ich bin dafür empfindlich bestraft, denn Sie machen mich wieder mit ihnen bekannt— Aber Ihr Vater?

Rof. Schon genug Thränen hab' ich ihm gekostet! —Madame, Sie werden einmal Mutter werden— Wie beklag' ich Sie!—

Konst. Rosalie, erinnern Sie sich an den letzten Willen Ihrer Tante. Mit ihren letzten Worten, vertraute sie mir Ihr Glück an— Aber wir wollen nicht von meinen gegründeten Ansprüchen reden; einen Beweiß Ihrer Achtung erwart' ich; Urtheilen
Sie,

Sie, wie sehr mich eine abschlägliche Antwort beleidigen würde — Rosalie, trennen Sie Ihr Schicksal nicht von dem meinigen; Sie kennen Dorvaln; er liebt Sie. Ich werde mir Rosalien von ihm ausbitten; ich werde sie erhalten, und dieses Pfand wird für mich das erste und angenehmste seiner Zärtlichkeit seyn.

Ros. (wickelt ihre Hände mit Lebhaftigkeit aus Konstanzens Händen los, steht mit einer Art von Unwillen auf, und sagt:) Dorval!

Konst. Sie besitzen seine ganze Achtung.

Ros. Ein Fremder! — ein Unbekannter! — ein Mensch, der nur auf einen Augenblick unter uns erschienen ist! — dessen Aeltern man nie genennt hat! — dessen Tugend Verstellung seyn kann! — Madame, verzeihen Sie — Ich vergaß — Sie kennen ihn doch ohnstreitig? —

Konst. Man muß Ihnen verzeihen, Sie sind in einer dicken Nacht. Aber erlauben Sie, daß ich einen Strahl der Hoffnung in Ihre Augen leuchten lassen mag.

Ros. Ich habe gehofft; ich bin getäuscht worden; ich werde nicht mehr hoffen.

Konst. (lächelt traurig.)

Ros. Ach, wenn Konstanze allein; wie sonst von der Welt entfernt, in der Einsamkeit gewesen wäre; da vielleicht — doch auch dieses ist ein nicht recht überdachter Einfall, der uns vielleicht alle beyde hintergangen haben würde. Unsre Freundin wird unglücklich. Man befürchtet sich selbst Eintrag und Schaden zu thun. Eine erste Regung

der

ober die Proben der Tugend.

der Edelmuth siegt. Aber die Zeit! die Zeit! — Madame, die Unglücklichen sind stolz, ungestüm, argwöhnisch. Allmählich gewöhnt man sich an das Schauspiel ihres Schmerzes; bald aber wird man es müde. Wir wollen einander gegenseitiges Unrecht und Vorwürfe ersparen. Alles hab' ich verlohren; lassen Sie uns unsre Freundschaft aus dem Schiffbruche retten — Es scheint, als hätt' ich dem Unglücke schon etwas zu verdanken. — Stets durch Ihre Rathschläge unterstützt, hat Rosalie noch nichts gethan, dessen Sie sich vor ihren eignen Augen rühmen könnte. Es ist Zeit, daß sie das versuche, lerne, was sie, von Konstanzen und den Unfällen unterwiesen, zu thun fähig ist. Wollen Sie ihr das einzige ihr noch übrig gebliebne Gut, das Glück, sich selbst zu erkennen, misgönnen?

Konst. Rosalie, Sie sind im Enthusiasmus. Setzen Sie ja ein Mistrauen in diesen Stand. Die erste Wirkung des Unglück ist, es verhärtet die Seele, die letzte, es zermalmt sie — Da Sie nun von der länge der Zeit alles Uible für mich und für Sie befürchten, warum befürchten Sie nichts für sich allein? — Uiberlegen Sie, Rosalie, daß das Unglück Sie heilig, unverletzlich macht. Wenn es mir begegnen sollte, daß ich jemals die Ehrfurcht für die Unfälle aus den Augen setzte; so rufen Sie mich zurück, sagen Sie mir es, jagen Sie mir die erste Schaamröthe in meinem Leben ab — Mein Kind, ich habe gelebt; ich habe Noth ausgestanden. Ich glaube, das Recht erlangt zu haben, etwas von mir zu muthmaßen; inzwischen verlang' ich blos von Ihnen,

E daß

daß Sie eben so viele Rechnung auf meine Freundschaft, als auf Ihren Muth machen sollen — Sollten Sie nicht ungerecht handeln, wenn Sie sich alles von sich selbst versprächen, und von Konstanzen gar nichts erwarteten? — Sollen denn die Gedanken, von Wohlthat und Erkenntlichkeit, für Sie etwas erschreckendes in sich fassen? Schenken Sie meinem Bruder Ihr Herz wieder, und ich werde Ihnen alles zu verdanken haben.

Rof. Madame, da kömmt Dorval — Erlauben Sie, daß ich mich entfernen darf — Ich würde so etwas unbeträchtliches zu seinem Triumphe beytragen. (Dorval kömmt herein.)

Konst. Rosalie — Dorval, halten Sie doch das Kind zurück — Aber sie entwischt uns.

Dritter Auftritt.

Konstanze. Dorval.

Dorv. Madame, wir wollen ihr das traurige Vergnügen ohne Zeugen ihrer Betrübniß nachzuhängen, gönnen.

Konst. Ihnen kömmt es zu, ihr Schicksal zu ändern. Dorval, der glücklichste Tag meines Lebens kann der Anfang ihrer Ruhe werden.

Dorv. Madame, gestatten Sie, daß ich frey mit Ihnen spreche, und daß Dorval, indem er Ihnen seine geheimsten Gedanken anvertrauet, sich Mühe geben darf, desjenigen, was Sie für ihn thaten, würdig

oder die Proben der Tugend.

dig zu seyn, und wenigstens zu verdienen, daß er beklagt und bedauert werde.

Konst. Was denn, Dorval! Aber sprechen Sie.

Dorv. Ich bin im Begriffe, es zu thun. Ich bin es Ihnen, ich bin es Ihrem Bruder schuldig. Mir selbst bin ich es schuldig — Sie wünschen des Dorvals Glück; kennen Sie aber Dorvaln recht genau? — Schwache Dienstleistungen, deren Werth ein wohlgearteter Jüngling übermäßig erhoben hat; seine Entzückungen für einige anscheinende Tugend; seine Empfindlichkeit für einige meiner Unglücksfälle, alles dieses hat Ihnen Vorurtheile beygebracht die mir die Wahrheit zu vernichten befiehlt. Der Verstand des Klairville ist noch unreif; Konstanze muß andre Urtheile von mir fällen. (eine Pause)

Ich habe von dem Himmel ein ehrliches, standhaftes Herz erhalten: das ist der einzige Vortheil, den er mir hat zutheilen wollen — Aber dieses Herz ist gekränckt, gebeugt, und ich bin, wie Sie sehen,— düster und schwermüthig. Ich besitze — Tugend, aber sie ist strenge; Sitten, aber sie sind wild und störrig — eine gefühlvolle, aber durch lange Unglücksfälle verhärtete und verbitterte Seele. Ich kann noch Thränen vergießen, aber sie sind selten und herbe. — Nein, ein Mann von dieser Denkungsart ist nicht der Gemahl, der sich für Konstanzen schickt.

Konst. Dorval, fassen Sie neuen Muth. Da mein Herz den Eindrücken, die Ihre Tugenden auf dasselbe machten, nachgab, erblickt' ich Sie so, wie

Sie sich abschildern. Ich erkannte die Unfälle, und ihre schrecklichen Wirkungen. Ich hatte Mitleid mit Ihnen, und meine Zärtlichkeit schreibt sich vielleicht von dieser Empfindung her.

Dorv. Für Sie ist kein Unglück mehr; aber über mich ist es haufenweiß hergefallen — Wie höchst unglücklich, und wie geraume Zeit war ich es! Fast von meiner Geburt an, mitten zwischen der toden Einsamkeit und der Gesellschaft mir selbst überlassen, fand ich, da ich die Augen öffnete, und mich mit den Banden, die mich an die Menschen fesseln konnten, bekannt machen wollte, kaum die Bruchstücken derselben wieder. Schon dreißig Jahre waren verstrichen, während denen ich unter ihnen einsam, unbekannt, vernachläßiget, herumirrte, ohne jemandes Liebe genossen, ohne jemanden gefunden zu haben, der sich um meine Zärtlichkeit beworben hätte; als Ihr Bruder zu mir kam. Meine Seele erwartete die seinige: In seinen Busen ergoß ich einen reisenden Strom von Empfindungen, die schon seit so langer Zeit an einer Ergießung gearbeitet hatten; und ich konnte mir nicht einbilden, daß es in meinem ganzen Leben einen angenehmern Zeitpunkt gegeben haben konnte, als derselbe war, da ich mich des schrecklichen, langwierigen und ekelhaften Verdrusses, allein zu existiren, entschlug — Wie theuer ist mir dieses Glück zu stehen gekommen! — Wenn Sie wüßten —

Konst. Sie sind unglücklich gewesen; aber alles hat sein bestimmtes Ziel; und ich glaube vielleicht

Dorv. Ich und das Schicksal haben einander schon zu oft versuchet. Von Glückseligkeit ist gar keine Rede mehr. Ich hasse den Umgang mit Menschen; und fühle, daß selbst fern von denenjenigen, die mir theuer und schätzbar sind, die Gemüthsruhe meiner erwartet. — Madame, möge doch der Himmel Ihnen seine Gnade, die er mir verweigert, angedeihen lassen, und Konstanzen für allen Frauenzimmern vorzüglich beglücken! — (etwas erweicht) Vielleicht bekomm' ich es in meiner Einsiedeley zu hören, und werde Vergnügen darüber empfinden.

Konst. Dorval, Sie hintergehen sich selbst. Um ruhig leben zu können, braucht man den Beyfall seines eignen Herzens, und vielleicht auch den Beyfall seiner Nebenmenschen. Weder diesen werden Sie davon tragen, noch jenen erhalten, wenn Sie den Ihnen angewiesenen Posten im Stiche lassen. Sie haben die seltensten Gemüthsgaben erhalten, und sind der Gesellschaft davon Rechnung abzulegen, verbunden. Mag sich doch jenes Gewühl von unnützen Geschöpfen, das sich darinn beweget, ohne einen Gegenstand zu haben, und das sie in Unordnung bringet, ohne ihr die geringsten Dienste zu leisten, immerhin, wenn es ihm beliebet, entfernen. Aber Sie, ich sag' es Ihnen frey ins Gesicht, Sie können es, ohne ein Verbrechen zu begehen, nicht thun. Einem Frauenzimmer, die Sie liebt, ist es vorbehalten,

Sie in der menschlichen Gesellschaft zurück zu halten: Konstanzen ist das Glück bestimmt, der unterdrückten Tugend eine Stütze, dem aufgeblähten Laster eine Geisel, allen rechtschaffnen Leuten einen Bruder, so vielen Unglückseligen einen Vater, auf den sie hofften; dem menschlichen Geschlechte einen Freund, und tausend nützlichen und großen Anschlägen, diesen von Vorurtheilen freyen Verstand, und diese starke Seele, die sie erfordern, und die Sie besitzen, zu erhalten. — Sie wollten auf die menschliche Gesellschaft Verzicht thun! Ich berufe mich auf Ihr Herz, befragen Sie es, und es wird Ihnen sagen, daß der Rechtschaffne in der Gesellschaft, und nur der Boshafte für sich allein lebe.

Dorv. Allein das Unglück verfolgt mich, und verbreitet sich über alles, was mir zu nahe kömmt. Verlangt denn der Himmel, der es haben will, daß ich in lauter Verdrusse leben soll, daß ich auch sogar andre damit überhäufe? Wie ich hieher kam, war man glücklich.

Konst. Der Himmel verändert sich zuweilen; und wenn wir unter der Wolke stehen, können wir hoffen, daß diese Wolke, die sich in einem Augenblicke zusammen zog, sich noch in demselben wieder zertheilen kann: übrigens mag es ausfallen, wie es immer will, bleibt der weise Mann doch auf seinem Standplatze, und erwartet daselbst das Ende seiner Beschwerlichkeiten.

Dorv. Muß er aber nicht befürchten, dieses gewünschte Ende zu entfernen, wenn er die Ursachen des Unglücks vervielfältigt? — Konstanze, jener so

oder die Proben der Tugend.

allgemeine und so süsse Hang, der alle Wesen hinreißt, und sie verleitet, ihre Gattung fortzupflanzen, und zu verewigen, ist mir nicht unbekannt. Längst hab' ich in meinem Herzen gefühlt, daß diese Welt für mich nichts, als eine ungeheure Wüste, ohne eine Gefährtin seyn würde, die Glück und Unglück mit mir theilen wollte — In meinen Anfällen von Schwermuth und Trübsinn hab' ich sie auch geruft, diese Gattin.

Konst. Der Himmel sendet sie Ihnen.

Dorv. Gar zu spät für mein Unglück. Er hat eine gelaßne und geduldige Seele, die bey dem mindesten seiner heitern Blicke glücklich gewesen wäre, wild gemacht; sie mit ängstlicher Furcht, Schrecken und geheimen Grausen erfüllet — Dorval sollte es über sich nehmen, die Glückseligkeit einer Frau zu machen! — Er sollte Vater werden! — Kinder bekommen! — Kinder! — Wenn ich nachdenke und finde, daß wir gleich nach unserm Eintritte in die Welt, in einen dicken Wirbel von Vorurtheilen, ausschweifender Einfälle, Laster und Mühseligkeiten gestürzt werden, schaudert mir die Haut bey dem bloßen Gedanken.

Konst. Betrügliche Schattenbilder irren um Sie herum, und ich erstaune gar nicht darüber. Die Geschichte des Lebens ist so wenig bekannt, die Geschichte des Todes ist so sehr in Dunkelheit gehüllt, und der Anschein des Uibels in der Welt ist so deutlich und auffallend, daß — Dorval, Ihre Kinder werden nicht bestimmt seyn, von dem Wirbel, den Sie

Der natürliche Sohn,

so scheuen, verschlingen zu werden. Ihre ersten Lebensjahre werden sie unter Ihren Augen durchleben, und dieses ist hinreichend, daß man für die folgenden gut seyn kann. Von Ihnen werden sie Ihre Denkungsart einsaugen: Ihre Leidenschaften, Neigungen und Begriffe, werden in ihre Seelen übergehen. Von Ihnen werden sie die so genauen Kenntnisse von der wahren und wesentlichen Größe und Niedrigkeit, von dem eigentlichen Glücke und dem vermeinten und anscheinenden Elende, erhalten. Von Ihnen wird es abhangen, ob sie ein eben so reines und ruhiges Gewissen, wie Sie, haben sollen. Ihre Handlungen werden sie sehen und zum Muster nehmen, mich zuweilen reden hören (indem sie mit Würde lächelt, fährt sie fort) — Dorval, Ihre Töchter werden ehrbar und sittsam, Ihre Söhne edeldenkend und stolz, alle Ihre Kinder reizend und einnehmend seyn.

Dorv. (nimmt Konstanzens Hand, drückt sie zwischen seine zwo Hände, lächelt sie mit einer gerührten Mine an, und sagt:—)

Wenn sich Konstanze zum Unglücke selbst täuschte — Hätt' ich Kinder, solche Kinder, wie ich deren eine große Menge sehe, elende und boshafte Kinder. Ich kenne mich, ich würde für Gram sterben.

Konst. (in einem beweglichen Tone, und mit einer durchdrungnen Mine.) Würden Sie aber alle diese bange Furcht hegen, wenn Sie überlegten: daß die Würkung der Tugend auf unsre Seele nicht minder nothwendig, nicht minder mächtig wäre, als die Würkung der Schönheit auf unsre Sinne: daß in dem

mensch-

menschlichen Herzen ein Geschmack an der Ordnung liegt, der weit älter ist, als jede gut überdachte Empfindung: daß dieser Geschmack, das Gefühl der Schande und Schaam hervorbringt, die Schaam, die uns die Verachtung so gar weit über die Gränzen des Todes hinaus, scheuen lehrt: daß uns die Nachahmung angebohren ist, und das kein Beyspiel stärker fesselt, als das Beyspiel der Tugend; selbst das Beyspiel des Lasters muß seiner Macht weichen — Ach, Dorval, wie viele Wege leiten die Menschen zum Guten!

Dorv. Ja, wenn wir dieselben zu wählen, in dieselben einzuschlagen wüsten. — Doch ich will einräumen, daß Sie, unterstützt durch glückliche natürliche Neigungen, und durch ununterbrochne Sorgfalt, sie für den Laster bewahren können, werden sie deswegen minder beklagenswerth seyn? Wie wollen Sie es anfangen, um die Schrecken und Vorurtheile, die an dem Eingange in die große Welt auf sie lauren, und sie bis ins Grab verfolgen werden, von ihnen zu entfernen? Die Thorheit und das Elend des Menschen machen mich bestürzt. Wie viel ungeheure und unnatürliche Meynungen giebt es, deren Urheber und Schlachtopfer er wechselsweise ist? Ach, Konstanze! wer sollte nicht zittern, und Bedenken tragen, die Anzahl jener Elenden zu verstärken, die man mit Ruderknechten, mit Galeerensklaven vergleicht, die man in einen tödlich furchtbaren Kerker, „da sie einander beystehen konnten, einer auf den andern ergrimmt, mit den Fesseln, an die sie geschlossen sind, sich schlagen,„ sieht?

Konst.

Konst. Alles Unglück, das der Fanatismus verursacht hat, ist mir bekannt, ich weiß auch, was man alles noch von ihm befürchten muß — Wenn aber heut zu Tage — unter uns — ein Ungeheuer aufträte, so eins aufträte, dergleichen die Schwärmerey in jenen finstern Zeiten, da ihre Wuth und Verblendung die Erde mit Blut überschwemmte, hervorbrachte — und man dieses Ungeheuer zu der äußersten Staffel des Lasters, unter Anrufung des himmlischen Beystandes, hinaufsteigen — in einer Hand das Gesetzbuch Gottes, in der andern einen Dolch haltend, den Völkern der Erde eine langwierige Betrübniß verursachen sähe — glauben Sie, Dorval, man würde darüber eben so sehr erstaunen, als Abscheu dafür haben — Ganz gewiß giebt es noch rohe, unausgebildete Leute, und wenn wird denn diese Gattung gänzlich erlöschen? Aber die Zeiten der Barbarey sind vorüber, das Jahrhundert ist erleuchtet, die Vernunft und der Verstand geläutert. Die Schriften der Nation sind voll von ihren Regeln; man liest beynahe nur diejenigen, die eine allgemeine und gegenseitige Liebe und Wohlgewogenheit einflößen. Von diesen Lehren ertönen unsre Schaubühnen, und sie können daselbst nicht oft genug vorgetragen und wiederhohlt werden. Der Philosoph, an dessen Verse Sie mich erinnert haben, hat ja blos und vorzüglich denen Empfindungen der Menschenliebe, die er in seinen Gedichten ausgestreuet hat, und der Macht, die sie auf unsre Seelen haben, die gute Aufnahme seiner Werke zu verdanken. Nein, Dorval, ohnmöglich kann ein Volk, das täglich von der

ver-

oder die Proben der Tugend.

verfolgten und unglücklichen Tugend weichmüthig gemacht wird, wild und boshaft seyn. Sie selbst; Männer, die Ihnen gleichen, sind es, welche die Nation ehret, die Regierung mehr als jemals beschützen muß: Diese Leute, sag' ich, werden ihre Kinder von der fürchterlichen Kette entledigen, mit der, wie es Ihnen Ihre Schwermuth einbildet, ihre unschuldigen Hände gefesselt sind.

Und was für Pflichten werden mir und Ihnen obliegen! keine andern, als sie daran zu gewöhnen, daß sie selbst an den Vater und Schöpfer aller Dinge keine andern, als die Eigenschaften, die sie an uns lieben, bewundern! Ohnaufhörlich wollen wir ihnen vorstellen, daß die Gesetze der Menschenliebe unwandelbar sind, daß nichts davon loszählen kann, und wir werden in ihren Seelen die Empfindungen von allgemein sich verbreitender Wohlthätigkeit die gleichsam die ganze Natur umarmen, aufkeimen sehen — Hundertmal haben Sie mir gesagt, daß eine empfindsame Seele nie das ganze und allgemeine System der gefühlvollen Wesen übersehe, ohne zugleich aus allen Kräften ihre Glückseligkeit zu wünschen, und daran Theil zu nehmen: und ich besorge gar nicht, daß unter meinem Herzen, in meinem Schoose, und aus Ihren Blute, eine grausame Seele gebildet werden sollte.

Dorv. Zum Unterhalte einer Familie, ist ein großes Vermögen erforderlich, und ich darf Ihnen nicht verheelen, daß das meinige um die Hälfte verringert worden ist.

Konst.

Konſt. Die weſentlichen Bedürfniße haben ihre Gränzen; die Bedürfniße, welche der Eigenſinn und verwöhnte Geſchmack der Menſchen erfunden hat, ſind unbeſchränkt: Und wenn Sie auch noch ſo viel Reichthümer häufen, wenn die Tugend Ihren Kindern mangelt, werden ſie doch ſtets arm ſeyn.

Dorv. Die Tugend? man ſpricht viel davon.

Konſt. Es iſt dasjenige Ding, was die Welt am meiſten kennt, und verehrt. Aber, Dorval, weit genauer verbindet man ſich mit ihr durch die Opfer die man ihr darbringt, als durch die Reitze, die man bey ihr zu finden glaubt! unglücklich iſt, wer ihr nicht genug aufgeopfert hat, um ſie allen übrigen Dingen vorzuziehen, nur für ſie zu leben, nur für ſie zu athmen, ſich von ihren angenehmen Ausdüftungen zu berauſchen, und in dieſem ſanften Taumel das Ende ſeiner Tage zu finden.

Dorv. Welch' ein unvergleichlich Frauenzimmer! (Er iſt erſtaunt, er ſchweigt einen Augenblick ſtill, und ſagt hierauf:) Anbetenswürdige und grauſame Frau, wie weit bringen Sie mich? Sie reiſen mir das Geheimniß meiner Geburt aus dem Hertzen. Wißen Sie demnach, daß ich meine Mutter kaum gekannt habe. Eine junge, nur zu zärtliche, nur zu gefühlvolle Unglückliche gab mir das Leben, und verſtarb in kurzer Zeit darauf. Ihre aufgebrachten und mächtigen Verwandte, hatten meinen Vater gezwungen nach Amerika zu flüchten.

In

oder die Proben der Tugend.

In eben dem Augenblicke, da er sich schmeicheln konnte, ihr Gemahl zu werden, erhielt er die schmerzhafte Nachricht von ihrem Absterben. Dieser süssen Hofnung beraubt, ließ er sich daselbst häuslich nieder, aber er vergaß das Kind nicht, das er von einem geliebten Mädchen erhalten hatte. Konstanze, ich bin das Kind — Mein Vater hat viel Reisen nach Frankreich gethan; ich hab' ihn gesehen, ich hofte ihn noch einmal zu sehen, aber diese Hofnung ist verschwunden. Sie sehen daraus; meine Geburt ist für den Augen der Welt niedrig, ein Vorwurf für mich, und mein Traum von Glücksgütern ist verschwunden.

Konst. Die Geburt empfangen wir ohne unser Zuthun, die Tugenden aber, gehören uns zu. Was diese stets zur Last fallenden, und oftmals gefährlichen Reichthümer anbelangt, so hat uns der Himmel, indem er sie ohne Wahl über die Oberfläche der Erde verbreitet, und ohne Unterschied auf die Guten und Bösen herabfallen lassen hat, zu gleicher zeit selbst das Urtheil in den Mund gelegt, das wir davon fällen sollen. Geburt, Ehrenstellen Reichthümer, hohen Rang, alles kann der Boshafte besitzen, nur nicht die Gunst des Himmels.

Dieß ist es, was mir, noch lange zuvor ehe man mir Ihre Geheimnisse anvertraute, ein wenig gesunde Vernunft gelehret hat; alles wußt' ich auser den Tag nicht, der mich mit Glückseligkeit und Ruhm überhäufen sollte.

Dorv.

Dorv. Rosalie ist unglücklich, Klairville in Verzweiflung.

Konst. Ich erröthe über diesen Vorwurf. Dorval gehen Sie zu meinen Bruder, ich will wieder mit Rosalien sprechen. Ohne Zweifel kömmt es uns zu, diese zwey Wesen, die so würdig sind mit einander vereinigt zu werden, wieder zusammen zu bringen. Glückt uns dieses, so getrau' ich mich zu hoffen, daß unsern Wünschen weiter nichts abgehen wird.

Vierter Auftritt.

Dorval allein.

Dieß ist das Frauenzimmer, die Rosalien erzogen! Dieß sind die Grundsätze die sie eingesogen hat!

Fünfter Auftritt.

Dorval. Klairville.

Klairv. Dorval, was wird aus mir? Was haben Sie über mich beschlossen?

Dorv. Daß Sie sich genauer als jemals mit Rosalien verbinden sollen.

Klairv. Sie rathen mir es?

Dorv. Allerdings.

Klairv. (fällt ihn um den Hals.) Ach, mein Freund, Sie geben mir das Leben wieder. Zweymal in einen Tage, hab' ich es Ihnen zu verdanken. Mit
Zit-

oder die Proben der Tugend.

Zittern kam ich, mein Schicksal aus Ihrem Munde zu vernehmen. Wie viel hab' ich seit der Zeit, als ich Sie verlassen habe, ausgestanden! Niemals hatt' ich es so genau gewust, daß ich bestimmt war sie, so ungerecht sie auch seyn mag, zu lieben. In einem Augenblicke der Verzweiflung, fasset man einen Anschlag; dieser Augenblick gehet vorüber, der Vorsatz verschwindet, und die Leidenschaft bleibt da.

Dorv. (lächelnd.) Das alles wust' ich voraus. Aber Ihr weniges Vermögen? die Unbeträglichkeit des ihrigen?

Klairv. In meinen Augen ist das der elendeste Stand, ohne Rosalien zu leben. Ich habe nachgedacht, und meinen Entschluß gefasset. Wo es anders erlaubt ist, die Dürftigkeit mit Unmuth zu ertragen, so müßen Liebhaber, Hausväter, und alle wohlthätige Menschen diese Erlaubniß haben: und es gab von jeher Mittel, sich aus derselben zu winden.

Dorv. Was wollen Sie anfangen?

Klairv. Handlung treiben.

Dorv. Dazu sollten Sie, mit dem Namen den Sie führen, Muth genug besitzen?

Klairv. Was nennen Sie Muth? hierbey find' ich keinen. Mit einer stolzen Seele, mit einen unbiegsamen Karakter versehen, ist es zu sehr ungewiß, ob ich jemals von der Gunst des Fürsten die Reichthümer, derer ich bedarf, empfangen werde. Das

Glück,

Glück, welches man durch geheime Kunstgriffe und durch verborgne Triebfedern am Hofe macht, ist bald erhalten, aber erniedrigend; durch die Waffen, glorreich, aber langsam; durch Gemüthsgaben, allemal schwer zu erhalten und mittelmäßig. Noch andre Stände giebt es, die schnell zum Tempel des Reichthums führen; aber die Kaufmannschaft ist der einzige Stand in dem die großen Glücksgüter, der Arbeit, dem Fleiße, und den Gefahren angemeßen sind. Kurz ich will Handlung treiben, sag' ich Ihnen; und es fehlt mir nur noch an Einsichten und Hülfsmitteln, die ich bey Ihnen zu finden hoffe.

Dorv. Sie denken richtig. Ich sehe hieraus, daß die Liebe ohne Vorurtheile ist. Inzwischen aber seyn Sie bloß bedacht Rosalien zu bewegen; den Stand zu ändern werden Sie keinesweges nöthig haben. Wenn auch gleich das Schiff, welches ihr Vermögen trug, von den Feinden aufgebracht geworden ist, so war es doch versichert, und der Verlust will nichts sagen. Die Nachricht davon finden Sie in den öffentlichen Blättern, und ich rathe Ihnen, Rosalien diese frohe Botschaft zu bringen.

Klairv. Ich fliege zu ihr.

Sechster Auftritt.

Dorval. Karl. (noch in Stiefeln.)

Dorv. (geht spatziren.) Er wird sie nicht bewegen — Nein — Warum aber nicht, wenn ich will? —

oder die Proben der Tugend.

will? — Ein Beyspiel von Rechtschaffenheit und
Herzhaftigkeit — eine äuserste Gewalt die mir
selbst — ihr anthue. —

Karl. (kömmt herein, und bleibt ohne ein Wort zu
reden, so lange stehen, bis ihn sein Herr gewahr wird,
dann sagt er:) Mein Herr ich habe Rosalien das ein-
händigen laßen.

Dorv. Ich verstehe dich.

Karl. Hier ist das Belege. (giebt ihm Rosaliens
Empfangschein:)

Dorv. Es ist hinreichend (Karl geht fort.
Dorval geht noch ein Weilchen spatziren, und sagt
nach einer kleinen Pause:)

Siebenter Auftritt.

Dorval allein.

Demnach hätt' ich alles aufgeopfert: Mein Vermögen! (mit einer verächtlichen Mine wiederholt er:)
mein Vermögen! meine Leidenschaft! meine Freyheit — — Ist denn aber das Opfer meiner Freyheit auch fest beschlossen!— O Vernunft! wer kann
dir widerstehen, wenn du die bezaubernde Stimme eines Frauenzimmers annimmst?—Kleiner, ein-
geschränkter Mensch, der du einfältig genug bist,
dir einzubilden, daß deine Irrthümer und Unfälle in der Welt von einiger Beträchtlichkeit wären; daß ein Zusammenfluß unendlicher Ohngefähre,
von jeher dein Unglück zubereitete; daß deine Ver-

F   bin-

bindung mit einem Wesen, die Kette seines Schicksals nach sich ziehe: komm, höre Konstanzen zu, und erkenne die Nichtigkeit deiner Einbildungen—Ach, wenn ich in mir die Stärke des Verstands, und die Uiberlegenheit der Einsichten, mit denen sich dieses Frauenzimmer meiner Seele bemächtigte, und dieselbe unterjochte, finden könnte: Da würd' ich zu Rosalien gehen, sie würde mich anhören, und Klairville glücklich werden — Warum sollt' ich aber von dieser weichen und biegsamen Seele nichts erhalten, nicht eben das Ansehen, das Konstanze über mich gewann, auch über sie gewinnen können? Seit wenn hat die Tugend ihr Reich und Herrschaft verlohren?—Ja, ich will zu ihr gehen, sie sprechen und alles von ihrer richtigen Denkungsart und von der Empfindung die mich beseelt, hoffen. Ich habe ihre unschuldigen Füße auf den Irrweg gebracht; ich habe sie in Schmerz und Niedergeschlagenheit versenkt; ich muß ihr die Hand bieten, und sie auf den Pfad der Glückseligkeit zurückleiten.

Ende des vierten Aufzugs.

Fünfter Aufzug.

Erster Auftritt.

Rosalie. Justine.

(Rosalie geht tiefsinnig auf und ab, oder steht unbeweglich still, ohne darauf, was Justine sagt, Achtung zu geben.)

Just. Ihr Vater entrinnet tausend Gefahren! Ihr Glück ist wieder hergestellt! Sie werden die Schiedsrichterin Ihres Schicksals! Und nichts rührt Sie. In Wahrheit, Mademoiselle, Sie verdienen Ihr günstiges Geschick nicht.

Ros. —Ein ewiges Band wird sie vereinigen!— Justine, hat Andre Verhaltungsbefehle bekommen? Ist er fortgereiset? Kömmt er bald wieder?

Just. Mademoiselle, was wollen Sie doch thun?

Ros. Meinen Willen — Nein, mein Vater soll dieses unglückliche Haus nicht betreten! — Ich mag kein Zeuge ihrer Freude seyn — Wenigstens werd' ich den Freundschaftsbezeugungen entwischen, die mir im Tod zuwider sind.

Zweeter Auftritt.

Rosalie. Justine. Klairville.

Klairv. (Er stürzt sich mit Eilfertigkeit herein, und indem er sich Rosalien nähert, fällt er für ihre Füsse und sagt:) Wohlan Grausame, nehmen Sie mir doch das Leben! Alles weiß ich, alles hat mir Andre gesagt.

sagt. Sie entfernen Ihren Vater von hier: und von wem entfernen Sie ihn? Von einen Menschen, der Sie anbetet, der ohne Betrübniß sein Vaterland, seine Angehörigen, seine Freunde verlassen hätte, um das Weltmeer zu durchkreuzen, und sich zu den Füssen Ihrer unerbittlichen Aeltern zu werfen, daselbst zu sterben, oder Sie zu erhalten — Damals theilte die zärtliche, gefühlvolle, getreue Rosalie meinen Verdruß mit mir, anjetzt verursacht sie ihn.

Rof. (bewegt, und ein wenig aus der Fassung gebracht.) Dieser Andre ist ein unvorsichtiger Mensch. Ich wollte nicht, daß Sie etwas von meinem Vorhaben erfahren sollten.

Klairv. Sie wollten mich hintergehen!

Rof. Ich habe noch niemanden hintergangen.
(lebhaft.)

Klairv. So sagen Sie mir doch, warum Sie mich nicht mehr lieben? Mir Ihr Herz entziehen, das heißt, mich zum Tode verdammen. Sie wollen meinen Tod. Sie wollen ihn, ich seh' es.

Rof. Nein, Klairville, ich würd' es sehr gerne sehen, daß Sie glücklich wären.

Klairv. Und Sie verlassen mich!

Rof. Könnten Sie denn aber nicht ohne mich glücklich seyn?

Klairv. Sie durchbohren mir das Herz. (Er liegt noch immer auf den Knieen, indem er diese Worte sagt, läßt er seinen Kopf auf ihren Schoos sinken, und schweigt ein Weilchen still.)—Sie hätten sich niemals ändern sollen!—Sie schworen es mir!—Ich Unsinniger glaubte Ihnen—Ach, Rosalie! diese Zusage, die wir
ein-

oder die Proben der Tugend. 85

einander täglich gaben, und von einander empfiengen; was ist aus derselben geworden? Was aus Ihren Eidschwüren? — Mein Herz, das dazu geschaffen war, die Eindrücke Ihrer Tugenden und Reize zu bekommen, und ewig aufzubehalten, hat noch keine einzige seiner Empfindungen verlohren; nichts ist Ihnen mehr von den Ihrigen übrig—Was begieng ich, um sie zu vernichten?

Ros. Nichts.

Klairv. Warum sind sie denn nun verloschen? Warum sind jene süssen Augenblicke nicht mehr, da ich Ihre Empfindungen aus Ihren Blicken las?—Da diese Hände (er nimmt eine) gütig genug waren, meine Thränen, jene bald bittern, bald annehmlichen Thränen, welche die Furcht und Zärtlichkeit wechselsweise aus meinen Augen lockten, abzuwischen — Rosalie! stürzen Sie mich nicht in Verzweiflung — aus Mitleiden gegen sich selbst. Rosalie, Sie kennen Ihr Herz nicht; nein, Sie kennen es nicht. Sie sehen den großen Verdruß nicht voraus, den Sie ihm zuzubereiten im Begriffe sind.

Ros. Ich habe dessen schon genug ausgestanden.

Klairv. Im innersten Ihrer Seele würd' ich ein schreckenvolles Bild zurück lassen, welches die Verwirrung und den Schmerz darinnen unterhalten würde. Ihre Ungerechtigkeit wird Ihnen auf dem Fusse nachfolgen.

Ros. Jagen Sie mir kein banges Schrecken ein (indem sie ihn starr ansieht.) Klairville, was verlangen Sie von mir?

Klairv. Sie bewegen, oder sterben.

F 3 Ros.

Rof. (nach einer Pause.) Iſt Dorval Ihr Freund?

Klairv. Er weiß meinen Kummer, er theilt ihn mit mir.

Rof. Er betrügt Sie.

Klairv. Ich war auf dem Punkte, gemartert von Ihrer Härte, zu ſterben. Durch ſeinen Rath hat er mir das Leben gerettet. Ohne Dorvaln lebt' ich ſchon nicht mehr.

Rof. Er betrügt Sie, ſag' ich Ihnen. Er iſt ein Böſewicht.

Klairv. Dorval ein Böſewicht! Wo denken Sie hin, Roſalie? In der Welt giebt es zwey Geſchöpfe, die ich in dem Innerſten meines Herzens eingeſchloſ‐ ſen trage; Dorvaln und Roſalien. Wer ſie in die‐ ſem geheiligten Ausfluchtsorte angreift, verurſacht mir einen tödlichen Schmerz. Dorval ein Böſe‐ wicht! Roſalie ſagt mir das! Sie!— Um mich gänz‐ lich zu Boden zu ſchlagen, durfte ſie nur noch vollends meinen Freund anklagen! (Dorval kömmt herein.)

Dritter Auftritt.

Roſalie. Juſtine. Klairville. Dorval.

Klairv. Kommen Sie, mein Freund, kommen Sie. Dieſe ſonſt ſo ſanfte und jetzt ſo grauſame Roſalie, beſchuldigt Sie ohne Grund, und ver‐ dammt mich zu einer unendlichen Verzweiflung; mich, der ich lieber ſterben, als ihr den mindeſten Verdruß zuzieben wollte.

(Als er dieſes geſagt, verbirgt er ſeine Thränen; entfernt ſich und ſetzt ſich im Hintergrunde des Saals auf ein Ka‐ napee, in der Stellung eines verzweifelnden Menſchen.)

Dorv.

oder die Proben der Tugend. 87

Dorv. (zeigt Rosalien Klairvillen, und sagt zu ihr:) Mademoiselle, betrachten Sie Ihr und mein Werk. Ist dieses das Schicksal, das er von uns zu gewarten hatte? Eine tödende Verzweiflung sollte also die bittre Frucht meiner Freundschaft und Ihrer Zärtlichkeit seyn, und wir sollten ihn auf diese Art umkommen sehen! (Klairville steht auf, und geht fort, wie ein Mensch, der irre geht. Rosalie folgt ihm mit den Augen nach, und Dorval, nachdem er ein wenig nachgesonnen hat, fährt in einen leisen Tone, und ohne Rosalien anzusehen, fort:) Wenn er seinem Grame nachhängt, kann er es doch wenigstens ohne Zwang thun. Seine rechtschaffne Seele kann ihren ganzen Schmerz an den Tag legen — Und wir, schamroth über unsre Empfindungen, wagen es nicht, dieselben jemanden anzuvertrauen, wir halten sie für uns selbst geheim — Dorval und Rosalie vergnügt, dem Verdachte zu entgehen, denken vielleicht niedrig genug, um sich insgeheim Glück darüber zu wünschen — (Hier wendet er sich plötzlich gegen Rosalien.) — Ach! Mademoiselle, sind wir zu so vieler Erniedrigung geschaffen? Wollen wir länger so ein verächtliches Leben führen? Ich für meinen Theil könnte mich nicht unter den Menschen dulden, wenn auf dem ganzen bewohnten Raume eine Gegend wäre, wo ich Verachtung verdient hätte. Nachdem ich der Gefahr entronnen bin, eil' ich auch Ihnen zu Hülfe. Entweder muß ich Sie

Rof. Sie ist mir theurer, als mein Leben.

Dorv. Ich will mit Ihnen von dem einzigen Mittel sprechen, durch welches Sie sich mit sich selbst aussöhnen, durch welches Sie der Gesellschaft, in der Sie leben, würdig werden, und verdienen können, daß man Sie mit dem Namen der Schülerin und Freundin Konstanzens belegt, und daß Sie der Gegenstand der Ehrfurcht und Zärtlichkeit Klairvillens sind.

Rof. Reden Sie, ich hör' Ihnen zu.

(Rosalie lehnt sich auf dem Rücken eines Armstuhls, den Kopf in die eine Hand gelegt, und Dorval fährt fort.)

Dorv. Bedenken Sie, Mademoiselle, daß ein einziger verdrüßlicher Gedanke, der uns verfolgt, hinreichend ist, das Glück zu vernichten; und daß das Bewustseyn einer schlechten Handlung, der lästigste aller Gedanken ist. (Lebhaft und schnell.) Wenn wir einmal Böses begangen haben, verläßt es uns nicht mehr; es schlägt in Gesellschaft der Schaam und Gewissensbisse, seinen Wohnsitz in dem Innersten unsrer Seele auf; wir schleppen es mit uns herum, und es quält uns.

Wenn Sie einem ungerechten Hange folgen, so giebt es Blicke, die Sie auf ewig vermeiden müssen; dieses sind die Blicke zwoer Personen, die wir unter allen auf der Welt am höchsten schätzen. Wir müssen uns von ihnen entfernen, für ihnen fliehen, und mit gebücktem Haupte in der Welt einher gehen. (Rosalie seufzt.)

Und fern von Klairvillen, fern von Konstanzen, wo wollten wir uns hinwenden? was sollte aus uns wer-

zugehn, an ihren Umgange Gefallen finden; das heißt, unter einem Gewühl von Geschöpfen ohne Grundsätze, ohne Sitten, ohne Karakter, vergraben und verwickelt bleiben zu wollen; das heißt, in einem fortdauernden Betruge eines ungewissen und unruhigen Lebens, leben; das heißt, mit Erröthen die Tugend, der man entflohen ist, loben, und aus andrer Leute Munde den Tadel der Handlungen, die man begangen hat, vernehmen; die Gemüthsruhe in Lehrgebäuden suchen, die der Hauch eines rechtschaffnen Mannes über den Haufen wirft; sich ein für allemal und auf ewig die Quelle der wahren, lautern, einzig und allein anständigen, strengen, und die gemeinen Begriffe übersteigenden Freuden, verstopfen; und um die Langeweile zu vermeiden, sich dem ekelhaften Verdrusse aller jener kindischen und nichtigen Zeitverkürzungen überlassen, unter denen der Tag in der Vergessenheit seiner selbst verfließt, und das Leben zerrinnt und sich verliert. — Rosalie, ich übertreibe nichts. Wenn der Faden, der uns im Irrgarten leiten soll, zerreißt, ist man nicht mehr Herr über sein Schicksal; man kann nicht bestimmen, wie weit man sich verirren wird.

beſitzen kann; um das ſie den Himmel, der mit Schenkung deſſelben geizig iſt, ununterbrochen anflehen muß; einen tugendhaften Gatten, einzubüſſen! Sie ſtanden im Begriffe, den feierlichſten Tag Jhres Lebens mit Ungerechtigkeit zu bezeichnen, und ſich zu einer ewigen Schaamröthe zu verdammen, die jedesmal Jhre Stirne bedecken muſte, ſo oft Sie ſich an einen Zeitpunkt erinnern, deſſen Andenken man jedesmal unter einer angenehmen Empfindung erneuern muß. — Uiberlegen Sie, daß der Gedanke von dem aufgeopferten und in Verzweiflung geſtürzten Klairville, Sie bis an den Fuß des Altars, wo Sie meine Schwüre empfangen, und ich die Jhrigen geheiſcht hätte, begleitet haben würde. Konſtanzens ſtrenge Blicke würden Sie auf ſich geheftet, und dieſelben bemerkt haben. Dieſe würden alſo die furchtbaren Zeugen unſrer Vereinigung geweſen ſeyn. — Und dieſes ſo angenehm zu hörende und auszuſprechende Wort, wenn es nämlich das Glück zwoer Weſen, deren Unſchuld und Tugend ihre Begierden heiliget, feſt verſichert, und auf den höchſten Gipfel bringt; dieſes entſcheidende Wort würde auf ewig unſre Ungerechtigkeit und Elend beſiegelt haben — Ja, Mademoiſelle, auf ewig. Der Taumel verraucht; man ſieht ſich in ſeiner eigentlichen Geſtalt; man verachtet ſich; man macht ſich Vorwürfe, und nun geht das Elend an. (Hier entwiſchen Roſalien einige Thränen, die ſie verſtohlner Weiſe abwiſcht.)

In Wahrheit, was für Vertrauen kann man auf ein Frauenzimmer ſetzen, die ihren Liebhaber ungetreu geworden iſt? auf eine Mannsperſon, die ihren

Freund

oder die Proben der Tugend.

Freund hintergehen konnte? — Mademoiselle, es ist nothwendig, daß ein Mann, der es wagt, unauflösliche Knoten zu knüpfen, in seiner Gattin das erste und vorzüglichste Frauenzimmer finden muß, und, vielleicht wohl ungern würde Rosalie unter meiner Gestalt den allerschlechtesten Menschen erblicken — Das geht nicht an — Ich würde die Mutter meiner Kinder nicht hoch genug schätzen, sie würde nicht für mich die gehörige Achtung haben können.

Sie erröthen. Sie schlagen die Augen nieder — Wie? Sollten Sie sich beleidigt finden, daß sich etwas, für mich heiligers als Sie, in der Natur fände? Sollten Sie mich wieder in jener erniedrigenden und grausamen Lage, wo Sie mich ohnstreitig verachteten, und ich mich selbst hassete, wo ich fürchtete, Ihnen in den Weg zu kommen, Sie zitterten, mich anzuhören, und wo unsre zwischen dem Laster und der Tugend wankende und schwebende Seelen zerfleischt wurden; wieder sehen wollen?

Wie elend sind wir gewesen, Mademoiselle! Mein Unglück aber verschwand, so bald ich anfieng, gerecht zu seyn; ich habe den mühseligsten, aber auch den vollkommensten Sieg über mich davon getragen. Ich habe mich aufs neue in meinen Karakter verhüllt: Rosalie ist mir nicht mehr furchtbar, und ich könnt' ihr ohne Bedenken die ganze Zerrüttung, in die Sie meine Seele gesetzt hatte, bekennen und abschildern, als ich, in der grausamsten Verwirrung von Empfindungen und Begriffen, die nur je ein Mensch verspüret haben kann, antwortete — Aber
eine

eine unvermuthete Begebenheit, Konstanzens Irrthum, der Ihrige, meine gewaltsamen Bemühungen, haben mich befreyet — Ich bin frey —

(Rosalie scheint bey diesen Worten höchst gebeugt zu seyn! Dorval, da er es gewahr wird, wendet sich gegen sie, und indem er sie mit einer sanftmüthigen Mine ansieht, fährt er fort.)

Was hab' ich aber ausgeführt, daß Rosalie nicht tausendmal leichter ins Werk richten könnte? Ihr Herz ist zum Empfinden, Ihr Geist zum Denken, Ihr Mund geschaffen, alles, was anständig ist, vorzutragen. Hätt' ich noch einen Augenblick länger angestanden, so würd' ich aus Rosaliens Munde alles das vernommen haben, was sie jetzt von mir vernahm. Ich würde sie gehört, ich würde sie als eine wohlthätige Gottheit betrachtet haben, die mir die Hand reichte, und meine wankenden Tritte sicher machen wollte. Bey dem Schall ihrer Stimme, würde sich die Tugend wieder in meinem Herzen entzündet haben.

Ros. (mit einer bebenden Stimme.) Dorval —

Dorv. (mit Freundlichkeit.) Rosalie.

Ros. Was muß ich thun?

Dorv. Wir haben der Achtung für uns selbst einen sehr hohen Werth beygelegt.

Ros. Wollen Sie, daß ich verzweifeln soll?

Dorv. Nein; aber es giebt Gelegenheit, wo uns nichts, als eine standhafte Handlung wieder empor schwingen kann.

Ros. Ich verstehe Sie. Sie sind mein Freund — Ja, ich werde Muth genug dazu haben — Ich brenne

für

für Begierde, Konstanzen zu sehen — Endlich weiß ich, wo mich die Glückseligkeit erwartet.

Dorv. Ach, nun erkenn' ich Rosalien wieder. Sie sind es, aber in meinen Augen weit schöner, weit bezaubernder, als jemals! Nun sind Sie Konstanzens Freundschaft, Klairvillens Zärtlichkeit, und meiner ganzen Achtung würdig; denn nunmehr wag' ich es auch, mich zu nennen.

Vierter Auftritt.

Rosalie. Justine. Dorval. Konstanze.

Ros. (läuft Konstanzen entgegen.) Kommen Sie, Konstanze; kommen Sie, und nehmen von der Hand Ihrer Mündel den einzigen Sterblichen, der Ihrer würdig ist.

Konst. Und Sie, Mademoiselle, eilen Sie, Ihren Vater zu umarmen. Da kömmt er.

Fünfter Auftritt.

Rosalie. Justine. Dorval. Konstanze. Der alte Lysimond, den Klairville und Andre unter den Armen führen. Karl. Sylvester.
Das ganze Hauß.

Ros. Mein Vater!

Dorv. Himmel, was seh' ich! Das ist Lysimond! Das ist mein Vater!

Lysim. Ja, mein Sohn. Ja, ich bin es. (Zu Dorvaln und Rosalien.) Nähert euch, meine Kinder,

daß

daß ich euch umarmen kann — Ach meine Tochter! Ach mein Sohn! — (Er sieht sie an.) Wenigstens hab' ich sie erblickt — (Dorval und Rosalie sind erstaunt, Lysimond bemerkt es.) Mein Sohn, das ist Deine Schwester — Meine Tochter, das ist Dein Bruder —

Ros. Mein Bruder!
Dorv. Meine Schwester!
Ros. Dorval!
Dorv. Rosalie!

} Diese Worte werden mit der dem Erstaunen angemeßnen Geschwindigkeit und fast alle in einem und demselben Zeitpunkte ausgesprochen.

Lysim. (Er sitzt.) Ja, meine Kinder; Ihr sollt alles erfahren. — Kommt her, meine Kinder, laßt euch noch einmal umarmen — (Er hebt seine Hände gen Himmel auf.) — Möge doch der Himmel, der mich euch, und euch mir wieder giebt, euch segnen — uns alle segnen — (zu Klairvillen:) Klairville: (zu Konstanzen:) Madame, verzeihen Sie einem Vater, der seine Kinder wieder findet. Ich schätzte sie für mich verlohren. — Tausendmal hab' ich zu mir selbst gesagt: Ich werde sie nicht wieder sehen. Sie werden mich nicht wieder sehen. Vielleicht, ach, vielleicht werden sie einander ihr ganzes Leben durch unbekannt bleiben! — Als ich abreisete, war dieses meine allerangenehmste Hoffnung, liebste Rosalie, daß ich Dir einen Sohn, der meiner, einen Bruder, der Deiner ganzen Zärtlichkeit würdig war, der Dir zur Stütze dienen könnte, wenn ich zu leben aufhören sollte — bald, mein Kind, wird dieses geschehen — zeigen können würde. Allein meine Kinder, warum les' ich noch nicht auf Euren Gesichtern die Entzückungen, die ich mir versprochen hatte? — Betrübt euch mein Alter, meine

Schwäch-

oder die Proben der Tugend.

Schwächlichkeit, mein naher Tod — O, meine Kinder, ich habe so viel gearbeitet, so viel ausgestanden! — Dorval, Rosalie, (bey diesen Worten hält der Greis seine Arme gegen seine Kinder ausgestreckt, die er eins ums andre anblickt, und sie einladet, einander zu erkennen.) (Dorval und Rosalie sehen einander an, fallen eins in des andern Arme, gehen beyderseits, die Kniee ihres Vaters zu umarmen, und rufen aus:)

Dorv. und Rof. Ach, mein Vater!

Lysim. (legt seine Hände auf sie, und richtet seine Augen gen Himmel:) Himmel, ich sage dir Dank! meine Kinder haben einander gesehen; sie werden einander lieben, hoff' ich, und ich werde vergnügt sterben — Klairville, Rosalie war Ihnen sonst schätzbar — Rosalie, Du liebtest Klairvillen; Du liebst ihn noch. Nähert Euch, damit ich Euch mit einander vereinigen kann. (Klairville, ohne es zu wagen, sich zu nähern, läßt es dabey bewenden, daß er seine Arme mit einer Bewegung ausstreckt, die die Begierde und Leidenschaft gehörig ausdrückt. Er verzieht. Rosalie sieht ihn einen Augenblick an, und thut Schritte gegen ihren Vater; nun stürzt sich Klairville hin, und Lysimond giebt sie zusammen.)

Rof. (fragend.) Mein Vater? —

Lysim. Meine Tochter? —

Rof. Konstanze — Dorval — sind eins des andern würdig.

Lysim. Ich verstehe Dich. (zu Konstanzen und Dorvaln.) Kommt, meine theuren Kinder, kommt. Ihr verdoppelt mein Glück.

(Kon=

(Konstanze und Dorval nähern sich Lysimonden sehr ernsthaft. Der rechtschaffne Greis nimmt Konstanzens Hand, küßt sie, und überreicht ihr die Hand seines Sohns, die sie auch annimmt.)

Lysim. (weinet, und nachdem er sich die Augen mit der Hand abgewischt hat, sagt er:) Dies sind Freudenthränen, und werden die letzten seyn — Ich hinterlaß' Euch ein großes Vermögen. Genießt es so, wie ich es erworben habe: Denn nie kosteten meine Reichthümer meiner Frömmigkeit und Redlichkeit das geringste. Meine Kinder, Ihr könnt sie ohne Gewissensbisse gern besitzen — Rosalie, Du blickst Deinen Bruder an, und Deine in Thränen schwimmenden Augen kehren sich auf mich zurück — Mein Kind, Du sollst alles erfahren, ich hab' es Dir schon versprochen —Schenke Deinem Vater, schenke Deinem empfindlichen und zartdenkenden Bruder dieses Geständniß — Der Himmel, der unter mein ganzes Leben Bitterkeit mischete, hat mir keine reinen und frohen, außer diesen letztern Augenblicken verliehen. Laß mich sie genießen, liebes Kind — Alles ist zwischen Euch beyden in Ordnung gebracht — Meine Tochter, siehe da den Zustand meiner Güter —

Ros. Bester Vater —

Lysim. Nimm hin, mein Kind. Ich habe gelebt; es ist Zeit daß auch Ihr zu leben anfanget, und daß ich aufhöre; morgen, wenn der Himmel will, ohne Betrübniß soll es geschehen — Nimm, mein Sohn, das ist ein kurzer Aufsatz meines letzten Willens. Du wirst Achtung dafür haben, ihn
befol-

befolgen. Vor allen Dingen vergesset Andren nicht. Ihm werd' ich den Trost, in euren Armen den Geist aufzugeben, zu verdanken haben. Rosalie, auch da noch werd' ich an Andren denken, wenn Deine Hand mir die Augen zudrücken wird. Ihr werdet sehen, daß ich nichts als mein Vaterherz zu Rathe gezogen, und Euch beyde gleich stark geliebt habe. Der Verlust, den ich erlitten habe, ist unbeträchtlich, Ihr werdet ihn gemeinschaftlich tragen.

Ros. Was hör' ich mein Vater — man hat mir übergeben — (Sie überreicht ihrem Vater, das von Dorvaln überschickt bekommene Taschenbuch.)

Lysim. Man hat Dir übergeben — Laß sehen — (Er öfnet das Taschenbuch, untersucht was drinnen liegt, und sagt:) — Dorval, Du allein kannst dieses Geheimniß aufklären. Diese Dinge gehörten Dir zu. Rede, sag' uns wie es zugeht, daß sie sich in den Händen Deiner Schwester befinden.

Klairv. (lebhaft.) Ich seh' es recht gut ein. Er setzte sein Leben für mich in Gefahr, und opferte mir sein Vermögen auf.

Ros. (zu Klairvillen.) Seine Leidenschaft!
Konst. (zu Klairvillen.) Seine Freyheit!
Klairv. (umarmt ihn.) O, mein Freund!
(Diese Worte werden schnell und fast in einem Augenblicke ausgesprochen.)

Ros. (schlägt die Augen nieder, und verbirgt ihren Kopf in ihres Bruders Busen.) Mein Bruder —

Dorv. (lächelnd.) Ich war ein unsinniger Thor, Sie ein Kind.

Lysim. Mein Sohn, was wollen sie von Dir? Du mußt ihnen ohnstreitig sehr vielen Stof zu Freude und Bewunderung gegeben haben, die ich nicht begreifen, und die Dein Vater nicht mit Dir theilen kann.

Dorv. Mein Vater, die Freude, Sie wieder zu sehen, hat uns alle entzückt.

Lysim. Möchte doch der Himmel, der die Kinder durch die Väter, und die Väter durch die Kinder, segnet, Euch Kinder schenken, die Euch ähnlich sind, und die Euch die Zärtlichkeit, die Ihr für mich an den Tag legt, reichlich vergelten mögen.

Ende des fünften Aufzugs und des Stücks.

www.ingramcontent.com/pod-product-compliance
Lightning Source LLC
Chambersburg PA
CBHW021948160426
43195CB00011B/1280